ノルマの日々。
銀行員外勤生活

田口 清

まえがき

日本の高度経済成長期とは昭和三十年代より同四十七年（四十八年の石油危機発生の直前）までで年平均一〇パーセントを越える諸外国にも例を見ない急速な経済成長を遂げた。

石炭から石油に代わるエネルギー革命を背景に、大企業を始めその傘下にある中小企業に至るまで旺盛な設備投資に対する資金需要、重ねて池田勇人内閣の所得倍増政策、それに応えるべく銀行同志の預金獲得競争は年々激しさを増し、私が銀行員として初めて外勤（主として預金獲得の為の店外営業活動）に従事した昭和三十九年東京オリンピックの年の四月から同四十一年の四月までの約二年間謂ゆる「オリンピック景気」からその後五年続いた「いざなぎ景気」に繋がる時期で各々銀行の外勤部隊に課せられる過酷なノルマによるプレッシャーも想像を絶するものがあり顧客からも「裏金利を付けてくれれば」などというとんでもない条件まで飛び出すありさまでそんな外勤行員の労苦があっても世の中の表に出る話題は集められた金（預金）の使い道。正当な貸し出しに使うものであれば良いが回収不能な不正融資だったり国から許認可（例えば支店の増設など）を得る為の政治資金や私腹を肥やしたり湯水のように使い果たす経営者の暴露本や映画、また現在に至っても未だ当時の回顧本などが刊行されているが、最近の著書で『堕《お》ちたバンカー国重惇史の告白』の評論には「元銀行員として言わせてもらうと国内の支店で一〇〇万円の預金を獲得するのは大変なことである。仮にそれを一％の利ざやで運用しても、もうけは年に一万円にすぎない。ところが本書に登場する住友銀行の経営者たちは買収予定の旧平和相互銀行の二阡億円もの資金償却を平然と話し……」と始まり他行を買収する過程を作家で元銀行員の黒木亮氏が新聞紙上で解説したものだが、この著書も当時の経営者のうちの一人の告白書である。そういう金（預金）を当時の外勤行員はそんな事とは露知らずどんな気持で集めていたのかその一端でも触れることが出来ればと思い記してみたのである。

尚、現在も存命されているであろう方々の名や企業名はイニシャルや仮名を使わせていたゞいたが、私の記録と記憶に基づいたノンノィクションである。

ノルマの日々。銀行員外勤生活　目次

ノルマの日々。銀行員外勤生活

相互銀行とは

私の勤務した銀行は私の入社（行）した昭和三十四年五月現在全支店の営業時間が月曜日より土曜日までが朝九時開店、そして閉店は夜七時で日曜日も午後三時まで営業と「夜間日曜営業の平和相互銀行」がキャッチフレーズであった。最も入社するだいぶ前から私は知っていた。家庭には未だテレビは行き届かず、ラジオの民放で「お笑い玉手箱」という番組が当銀行（以下当行という）がスポンサーで銀行界では唯一のラジオ番組のスポンサーとしてユニークな銀行というイメージで世間に売り出し中だったのであろう。因みに夜間営業の銀行は当時もう一行あった。名は「東京都民銀行」と言い平日夜六時まで営業していた。

当行も本社は東京で都内と埼玉、千葉、神奈川の三県に二十五店舗を有し、資金量（総預金量）三百億円到達が間近であった。

そもそも相互銀行とは昭和二十六年に相互銀行法という戦後日本の経済復興を目的として大型企業を支える中小企業の育成を目的とする法律を施行し全国の都道府県に展開していた無尽会社を集約し合計七十二社を銀行に昇格させたもので東京都内に本社を置く相互

銀行は当行の他に東京相互銀行があり埼玉には大宮に本店を置く当時の業界第一位の日本相互銀行があった。（後に太陽銀行と名を変え普銀に転換）他の府県にも一、ないし二行があり全国で合計七十二行が存在した。

何故相互銀行かと言うと普通銀行には無い貸付業務で相互掛金という商品があった。例えば一年契約で毎月一万円毎の掛込金契約を結ぶと満期になると十二万円になるが三ヶ月順調に掛込んだとして計三万円になるのでその時点で契約した満期額の資金が必要であれば十二万円を逆に借入れ出来る仕組みになっている。最初からの借入れ契約である。もし必要でなくなればそのまゝ満期時に預金契約利息がついて、掛込み元金の十二万円が受け取れる。つまり担保提供の出来ない中小企業への特別融資制度のようなもので無尽を発展させたようなものである。これを相互掛金契約の「月掛け」と言い昭和三十四年までは毎日掛込む「日掛け」と言うものもあった。外勤の行員が毎日集金に伺っていたのである。そして相互掛金の月掛けも昭和三十七年頃廃止され替りに定期積立預金という純預金に転換しこの種の貸付商品は事実上無くなった。その後時の流れもあり銀行同志の合併や閉行などがあり相互銀行としての役目も終ったのか平成元年二月一日付にて普通銀行に転換した五十二行が名称などを変更し第二地方銀行として再発足したのである。

特殊な営業時間と勤務形態

銀行の営業時間は朝九時開店そして平日は午後三時、土曜日は正午の閉店が常識であったので一般的には銀行員は店が閉まれば直ちに帰宅出来る殿様商売だとのイメージがあったようで前述のような平和相互銀行の営業時間内で働く行員はどのような勤務体制で働いているのか興味深く尋ねられることがあったが、内勤の行員、特に預金係と出納係員はA班・B班と二班に人員を分割しA班が早番とすると朝から夕方五時まで、B班が遅番とすると正午出勤し業務終了まで、それを一週間毎に交替制で勤務する。他の貸付・総務の係は朝から六時までの勤務で貸付窓口は五時まで外勤の得意先係は朝から六時までが原則。私も入社以来五年を預金・出納係を経験したが当所よりこういうものと承知していたので、生活面での不便性は独身でもあるが故あまり感じなかった。

そして昭和三十五年一月四日より日曜営業は廃止となった。

外勤生活

さて外勤であるが、前述のとおり私は昭和三十四年五月六日に高校卒で入社。この年高卒の新入社員は六十一名でそのうち三十名が四月一日入社。一ヶ月の内勤事務の研修を経て既に現場に配属されていた。後続の私共三十一名が五月の入社となったのである。同じく一ヶ月の研修後私は赤羽支店に配属され一年間出納係員として勤務、翌三十五年浦和支店に転勤し出納・預金係を四年経験し三十九年四月恒例の定期的な人事移動があり池袋支店へ転勤し外勤（得意先係という）を初めて命ぜられた。

人事移動発令当日その発令名簿が本社人事部より各店に配布されるのだが、その名簿を浦和支店で確認している最中に池袋支店の得意先係担当の支店長代理より電話が入り「田口さん今度池袋に転勤だね、こちらの店では得意先係をやってもらうよ。私が支店長に推せんしておいたからね、決まりだよ頑張ってね」と言われたので「ハイ明日にでもそちらへご挨拶に伺います」「そう待ってますよ」とこの支店長代理は私が入社し赤羽支店に一年間勤務した時、店の総務係長だった人で短かい間だったがよく面倒を見てくれた。その人が筆頭の上司であればと初めての仕事に不安もあれど何となく気持も落ち着くような思いだった。

そして池袋支店に着任しY代理に言われたとおり外勤（得意先係）を命ぜられ同じ係員を見渡すと赤羽支店当時の先輩一人と同期で当時出納係で一緒に仕事をした行員一人も居り、安堵と反面敗けてはいられないなと競争心も沸いた。

当然ながら外勤にはノルマ（当時は〝割り当て〟と言った）があるからだ。ノルマの達成の良し悪しで評価され、それ以外は何もないのだ。

店内の配置は各係長以下主任と平行員はそこの支店長権限で決められる。その上となる支店長代理（得意先・貸付・預金担当の三人）それと店次長・支店長の管理職は本社の人事部が直接決める。

この時の得意先係は第一・第二・第三の三係あり第一係は池袋駅西口担当の四名、第二係は新規開拓班で三名（西口担当二名、東口　名）第三係は駅東口担当で大先輩二名と私の三名で各係に係長が一名づつ三名その上に得意先担当の支店長代理の計十四名の布陣で店全体としては預金・貸付・総務の内勤四十四名、そして次長・支店長と合計六十名の当行の中でも大型店舗である。

店舗位置は池袋駅西側の北口にあり、私の担当区域の東口は国鉄（当時）私鉄各線路を挟んで地下道をくぐり百メートル以上はあり顧客数・質とも西口に比べ不利は否めないが表だってそんな不平や言い訳はとおるものでもなく頑張るしかないが、私が引継いだ顧客の前任担当者も新米の私に同情し「大した客を渡せなく申し訳ないが私も店内（貸付係）に居るので出来る限りの応援をさせてもらうよ」と言ってくれ事実貸付係という立場も利用して色々な情報を提供してくれ、ずい分側面からの応援をして頂いた。

二年後に私は結婚をするのだが、その式の司会をお願いもしたがそれは後の話。

1965(昭和 40)年当時の池袋駅北口(西側)の出入口より北方向に銀行の建物を眺めた記憶図である。右側の下り坂は唯一駅を挟んで東西をつなぐ最短の地下トンネル(上は東武東上線・山手線など)の歩行者専用道で、突き当りを右折して東側に出るまで約 100 メートルの距離がある。その突き当りの壁際に背を向け靴磨きのおじさん３人が座って商いをしていたが、そのおじさん達も当行の普通預金口座を持っていた。我が東口担当者は毎日皆このトンネル道を東側へ抜けてお得意様訪問をしていたが、その６年後、当駅の地下区域が全面改装され、東西自由通路や地下街などが出来た為、当銀行も駅西口の正面に近い出入口直近に移転した。

ノルマの種類と金額及び期間

対象となる預金は固定性預金（定期預金・定期積立預金）と要求払性預金（普通預金・通知預金・当座預金）他に納税準備預金という特殊預金があった。

ノルマは獲得点数制なので銀行の資金運用上長期に亘り安全性の高い固定性預金のうち定期預金の獲得が一番だ。それも預り期間の長い一年ものの次に半年ものそのあとに三ヶ月ものと続く。例えば定期預金一年もの百万円（複数件でも構わない）を獲得すると一〇〇点である。それが半年ものであると五十点、三ヶ月ものであると二十五点となる。これら全て純増である。純増とは期間が毎月（即ち一ヶ月毎の締め）なのでその期間中の満期や解約の落ち込み額を埋め合せた上での獲得額である。

例えば定期五十万円を解約されて他から五十万円獲得しても点数は〇点である。つまりプラス＆マイナスゼロだからである。定期積立預金（前述の相互掛金の貸付契約が取りはずされ純預金化したもの）は毎月同額の積立制度であるが一口（千円）単位で何口掛けても可で一年、二年、三年満期の三種類あり得意先係員の集金最少単位は三口（三千円）掛け以上で例えば一万円（一〇口）の掛金で三年（契約満期金三十六万円）は三十六点である。そしてこの積立預金の毎月のノルマは掛金一〇〇口の拾万円でありこの金額は獲れるものではない。要求払性預金では通知預金が最低一週間の拘束期間があるので普通預金の利率より当時年利率で〇・二五パーセント高く、百万円で二点の加点が得られ、普通預金は新口座開設で一点で金額は関係なし。当座預金は特殊な口座で貸付にからむ口座なので点数は除外。

この様なノルマ（当時は割り当てと言った）は本社サイドで統一されたものではなく各店がその店の事情を勘案しながら設定するものなので全店的な統一性は無いが金額などの違いはあるも大方同じようなスタイルである。これが毎月課せられるのであるから神経を病む行員も出れば不正に走る者も出る。詳しくは省略するがその為本社の検査部からは諸々の事故を防ぐ為にも各店に年一度以上の臨店検査が行われるのである。

さて私の引継いだ担当管理客は約三十軒。以外に少ないので驚いた。ほとんど名だたる企業もなく職業的には飲食、パチンコ店、マージャン荘等サービス業から建設資材の卸し設計事務所、塗装、紙器卸しなどの建設関係に不動産仲介業二社等々、その中に貸付先も四〜五軒あったが二社を残し殆んどが手形割引（後述）先であった。何しろ純預金客（貸付の全く無い先）の中で一番の大口預金客は個人のお妾《めかけ》さんだったと言えるから想像もつこうと言うものであろう。

繰返すが毎月の割り当てを大別すると定期預金純増百万円・定期積立預金同拾万円（合計一〇〇口）で他に軒件数獲得などあるも省略、点数は表彰順位の対象。

ノルマの日々スタート

そんな中で私は外勤活動をスタートした。昭和三十九年四月のことで先ずこれから先今ある預金を増やせる可能性のある客と見込み薄の客とにとり合えず区分けしてみたがまあ五分〳〵という所でありこのまゝで行くと極端に考えると客が軒数的には半減しかねない。出来れば漠然とではあるが今の倍の客がほしい。

上司はまあ焦らずにやってよと言ってくれたがせいぜい六ヶ月か？　それまでに何らかの成果を出さなければ何を言い出すか分からない。とにかく今ある顧客に慣れ知人の紹介を頼んだり他の金融機関から預金の移し替えも頼み少しでも新しい預金を増やす事と時間を決めて新しい客を握む為の飛び込みをやってみよう、何しろ地図さえ良く解らないのだから足を使おう既存の客でも少々遠隔地もあるのでバイクを一台当てがわれたが出来るだけ足を使おう。新規客開拓は限りなく池袋駅に近い方が良い。何故なら店舗、事務所が密集しており何かと効率が良い。第二係に新規開拓専門で東口地域担当のS先輩も活動しているので細かな様子なども聞いてみよう。おそらく企業規模的にも中堅どころかそれ以上の所に狙いを付けて活動しているのでは？　と思う。私は細かい所から始めてみよう。

そして前任者から引継いだ既存客の維持と取引の一層の拡大を図る為に次の四箇条を徹底して遂行しようと心に決めた。勿論新規取引客に対してもだ。

一、信用を得る

二、好感を得る

三、本人との取引額の拡大

四、紹介客を得る

その為に多趣味、多芸、スポーツも硬式の経験がある野球を始め他種も知識だけでも万能になる、音楽（高校でバンドを組んでいた）文学何でも来い。

絵画も自信あり、勝負事は将棋、囲碁、連珠（五目並べ）麻雀。特に連珠は二十五歳も上の長兄がこれの高段者だったのでその影響か私も兄以外の人なら負けたことが無いくらいだった。お客様はそれぞれ趣味、興味が違うので何でも対応出来るように自分で嫌いなものは無いようにし酒も和洋大丈夫だ。

また当時の男性は非常に高い割り合いでタバコを吸っていた。中でも法人、個人問わず経営者などは高い比率だった。なにしろ事務所等、応接室などには灰皿とタバコ入れがセットになったものがテーブルのまん中に備え付けてあったものだ。勿論その銘柄は味も良く上品なピースが多かった。缶入りピースなども良く見かけたものだった。

　そこで代表者や役員、経理部長などたいがい当行の普通預金口座などを持っておられたのでその申込書から誕生日、吸っているタバコの銘柄など記録簿を作り当日その銘柄を祝い品として持参し祝いの言葉と共に差し上げたが当時からタバコは高額だったので一箇差し上げても喜んでくれたものでまして若輩者で薄給の私から頂戴するなんてと恐縮して受取ってもらうことが多かった。「田口さんこれを皆さんに上げているの？」と聞かれもしたがそういう心配をしてくれたお客様は反対にお世話にもなっていたものだった。

記録簿は失なってしまったが差し上げたタバコ名等は未だ記憶にあり左記のとおり。

銘柄	本数	値段	備考
ゴールデンバット	二十本	三十円	評判は良くなく差し上げた記憶無
パール	十本	三十円	私が一日五本位吸っていた
ひかり	十本	三十円	くせが強いので好みの人だけに
ピース	十本	四十五円	評判の高いタバコ誰でも喜ぶ

新生　二十本　四十円　大衆的なタバコ

いこい　二十本　五十円　同右・多く吸う人はこれなどが好まれた

※値段は、一箱又は一包みの金額

以上

豊島区役所への勧誘

スタートして半年は新しい客は握めなかったが失う軒数もほとんど無く、既存客の中から預金残高の拡大をお願いし成績も月々マイナスにはならなかったが胸を張れる月も無かった。

そしてこの年も残り二ヶ月となった十一月駅東口前の三越デパートの隣にある豊島区役所へ職員の皆さんの普通預金口座開設の勧誘について受付窓口へ行ってみたら秘書課へ行ってくれとの指図を受けその窓口へ行って銀行名を言って名刺を出したら少々待つように言われ待ち椅子に掛けたら隣の年輩女性に声をかけられ「銀行さんですか？」「ハイそうです」「私は生命保険の外交員ですが勧誘に来たのですが待たされちゃって」「そうですか」…そうこうしているうち「平和相互銀行さんどうぞ中へ」と先に呼ばれその外交員に「お先に失礼します」と言い中へ入ったら三十歳位の女性職員が対応してくれ「平和相互銀行さんは夜七時までやっているのですか？」と「ハイその名刺のとおりです。土曜日も午後三時まで営業しておりますので何かと便利ではないかとお勧めにまいりました」と営業案内を差し出し「普通預金の外に利息の高い積立預金などもありますが」「どうすれば良いのですか？　銀行の窓口へ行かないといけないのですか？」「いえ私が今ここに申込書を持っていますのでよろしければここで住所・お名前を記入し印鑑は何でも結構ですので押していただければ直ぐに銀行へ戻り通帳を作ってお届けに上ります」「お金はどうすれば良いのですか？」「普通預金はゼロ円でも構いませんし百円か三百円位預けていたゞければこの場で預り証を差し上げます」「積立金は？」「積立金は毎月の積立額を決めて申込書と積立金の第一回分をお預け願えればこれもお通帳を出来次第お届けに上がります」「そう、では普通預金はこの場で申込みます。三百円預ければ良いですか？」「えゝ結構ですよ」「それと積立金は今月の二〇日でも良いですか？　今一万円持ってないので給料日に来ていたゞけますか？」「一万円ですか毎月？」「そうです一万円掛けを一年やってみます」「申込み書はどうしましょうか、今書いて頂ければ二〇日にもう一度伺いますが」「では申込書は両方書きます。そして普通預金の方の三百円だけでも今日預けます」そして申込書を書いてもらい「毎月一万円掛けですと一年後に十二万円の満期金の外に利息が二千六百円つきます」と言うと「え！　二千六百円もつくの？」「そうです」「一年後が楽しみね」「そうです来年の今月二十日が満期です。私が毎月集金に伺いますから…それから普通預金の通帳は明日にでもお届けします」「そう悪いわね」「どういたしましてこちらこそありがとうございます」

申し込み書を預かり室の外に出たら生保の外交員さんに恨めしそうな眼で見られ「お先にすみません」とこちらから頭を下げ退室した。翌日普通預金通帳と大型マッチ（待合室用）を届け他の職員さんにもお話して下さいとお願いしたら「ええもう一人普通預金を作りたい人が居るのですがいいでしょうか？」と同じ秘書課の女性《ひと》が開設してくれその月の二〇日には約束どおり定期積立預金毎月一万円掛けを契約頂いた。この豊島区役所の二人の取引開始が私の飛び込み（紹介なし）純新規客第一号だったのでよく記憶している。

そして後日談だが……一年後の積立金の満期日に満期金十二万円を定期預金につなげる約束を取り付けしかも翌月の十二月に加入してもらう事（実は私の営業成績上のことなのだが今迄得意先係員十名の中で一年半以上トップを取れた事が無かったがこの一年（昭和四十年のこと）私なりに努力の結果なのか今年最後の十二月に定期預金獲得の予定がかなりの金額にのぼっていたのでこのお客の積立の満期金を定期に振替えれば新規の定期としてノルマに加算されるのでこれもダメ押しとして－一月は捨て十二月にとお願いしたら心良く応じてくれ積立ての再契約もしてくれた。そして利息の二千六百円（今の価値で計ると約三万六千円台）を本当に喜んでくれこれは現金で持って渡して上げると「ウワー本当なんだ田口さん今晩よかったらNさん（普通預金を開設してくれた同僚の女性）と一緒に飲み屋に行きませんか、ご馳走しますよ」と区役所の裏の小さな小料理屋でご馳走になった。その時将来ここの様な店をいつか開いてみたいと言ったのでへー役所勤めでもそんな夢を持っているのかと驚き度胸もあるなと思った。その頃は今の時代と違って女性の水商売の経営者は未だ少なかったので印象深い人であった。

初めての法人取引成立

前に戻って昭和三十九年のその暮れに同じく飛び込みで約束手形の割引希望客（支払期日前に手持ちの受取手形を銀行に差し入れそれを担保に現金化をしてもらう借入金の一種）を一社獲得した。社名は朝倉産業㈱と言い事務所が池袋三越デパートの裏手に戦後建てたと思われる木造二階建で十二室ある貸事務所の二階の約六畳一室で営業をしており、その貸事務所内の数軒を取引推進目的で訪問中スムーズに事が運び取引が成立した先であった。

入口ドアに社名は表示されていたが職業は判らず、中廊下からガラス窓越しに見える室内で二人の女性が忙しそうに電話中のその様子が非常に元気そうなので何となくドアを開けて入ってしまった。名刺を差し出したら心よく受け取ってくれて「今日社長は外出中ですが明日は居りますのでご名刺を渡しておきますからよろしかったらもう一度足をお運び下さい」と。職業をたずねたら「生コンの仲介と卸しです」ととても感じ良く、翌日再訪したら社長が居り「あゝ朝倉です昨日は失礼しました平和相互さんは夜間営業の銀行ですよね夜七時までなんですね」と名刺を既《すで》に見ておいてくれたらしくとても感じの良い社長なので社員も同じなのだなあとつくずく思った。そして「うちは預金する程お金が無いので手形割引きでもして頂ければその中から定期預金いくらかしても良いですよ」と言うので「失礼ですがどの位の額の手形なのですか？」と伺うと「今取引先三社から合計三枚で百万円ありますのでそのうちから三十万円なら定期預金にしても良いですが手形をお見せしましょうか？」「すみません見せて頂けますか」「どうぞ」見たら一枚は一部上場の建設会社三十万円、他に一般建設会社の三十万円一枚と四十万円一枚だった。

社長「これでどうですか？」

私「出来るだけ早めにお返事するようにしますので決算書類直近二期分をお借りできますか？　コピーでも結構ですが」

社長「では今日夕方までにコピーにして用意しますからもう一度足を運んでもらえますか」

私「大丈夫です。では夕方五時前で良いでしょうか？　ではすみませんが手形三枚もコピーしておいて下さいますか」

社長「いいですよお待ちしております」

その日の夕方再訪し書類のコピーを持ち帰り上司の岡野係長に報告。

係長「これ取扱い出来そうだよSカード作ってあるの？」

私「いえ昨日飛び込んで社長不在だったのですが今日再訪し、ここまで話が出来てしまったのです」

［Sカードとは新規開拓用の記録カードでいわゆる一軒毎の訪問時交渉記録を当カードに克明に書き込んでミーティングなどに新規取引の促進材料とする外勤行員の必須作成資料］

係長「では一応Sカードを作って明朝のミーティングにかけよう」

私「ハイ」

係長「手形照会は早速貸付係にたのもうよ」

私「ハイ急ぎますので電話照会にしてもらいますよ」

係長「それがいい」

［手形照会とはその手形の支払銀行へ当手形の振出人兼支払人が間違いなく取引があってその支払期日に手形交換所経由で支払請求をかけても確実に引落し決済が出来るかどうかを前もって照会をすることを言い照会された銀行は返答義務を負い照会する銀行の方法には「文書照会」と急を要する場合は「電話照会」の二種類があり銀行協会の協定に基づいて協会員の金融機関はこれを守らなければならない］

係長「そして稟議書も作っておいてよこれ大丈夫だよ」
私「ハイ直ちに作成します」
係長「信用調査書などは後廻しにして貸付係に頼む手形照会と返答書を付けて上に廻す準備をしておこうよ」
私「ハイ承知しました。信用調査書（取引先企業の調査書）も急いで作成します」
そして翌朝、得意先係別のミーティングで我々第三係のミーティングにかけた。出席は担当者の外二人の係員と上司の岡野係長、それに得意先担当のY支店長代理、私以外の案件は無く支店長代理も「いいんじゃないの田口さん新規貸付は初めてだっけ」「ハイそうです」「それにしてはずい分話しがスムーズに運んだね」と。そして「では書類を貸付に廻して早くやってもらおうよ」と稟議書に印を押してくれた。貸付係も係長、担当支店長代理とスムーズに承認し次長へ。次長は貸付の経験が浅い人だと聞いていたし実際いつも何か難しい事を言う人ではなかったので何も心配しなかった。
問題は支店長が何か指示を出すか、何も言わずに印を押す人では無いように見えたし、どの様な条件をつけるか気をもんでいたがその日の夕方帰店したら岡野係長の机に第一、第二の係長も集まっており「あゝ田口君帰って来た」とそして「朝倉産業の稟議無条件で支店長印が押されているよ私が支店長室に呼ばれて田口君はまだ新米だから何も言わずに印を押したけれど君が良く見てやってくれと言われ書類を受け取って来たよ」私「そうですか、大丈夫ですよ定期預金もちゃんと戴きますから」他の二人の係長も「よかったよ大概条件を付けられるよ」と。私は「ご心配お掛けします頑張りますから」と返し早速朝倉社長に電話をかけ決済を受けた旨連絡をし明日手続きに伺う事を伝え翌日先ず当座預金取引を開始し割引手形も実行し定期預金も数日後に預け入れ頂き一件落着した。

この件についいては後日談があり、この法人との取引が成立したのが昭和三十九年の十二月下旬で社長とはその年末まで数回お目にかゝり趣味の話が出て私が将棋が好きだと言ったら、社長曰く自分も好きなので家に将棋駒と盤があるから一度来て下さいと言われたので「では正月の三日位にでも伺っても良いでしょうか?」と言ったら「どうぞどうぞ待ってますよ」との返事を頂いた。年初の挨拶かたがた伺い将棋を二番指したが二番とも完敗で歯が立たず「もっと猛勉強してから再挑戦します」と頭を下げた。ご自宅も立派な家で書斎には囲碁と将棋の本が本棚に整然と入っており感心しきりとなり「社長は将棋界か囲碁界に居た人なのでしょう?」というと「いやそれはないけど両方に友人は居ましたよ、将棋連盟などにも出入りし花田八段とはよく飲みに行きました」と（故花田長太郎氏・大正から昭和にかけて木村十四世名人の頃のA級八段。坂田三吉との京都天龍寺の決戦は有名。昭和二十三年現役のまゝ没)。

そして「社長、今日は大変ご馳走にもなり失礼させて戴きますが明日銀行の初仕事なのですが懇意のお客様には二階へおいでいたゞいて御神酒を召し上がって頂く慣わしになっておりますのでぜひおいで頂けませんか。私も二階におりますので」というと社長は「いや僕なんんか取引も未だ駆け出しだし誘ってくれるのは有り難いが遠慮しておくよ」私は「何かとお忙しいかと思いますが支店長にも話してありますので」とお願いしながら今日のお礼を重ねて言い表に出た。

当時は大概の銀行がそのような習わしになっていたと思う。当行もどこの支店も会議室などに紅白の幕を張り御神酒を用意し来店した懇意な客を招き新年の挨拶を交わしたものである。ところが翌四日の朝九時前に店内の朝礼が済み二階の得意先係室で一休みしていたら二階の貸付窓口の係員が「田口さん朝倉様というお客様がお見えです」と呼ばれたので貸付窓口へ行ってみると貸付係長が朝倉社長と名刺交換をしながら挨拶を交わしており後方から私も新年の挨拶をすると係長が私が室にご案内しますから支店長室へ行って来てとのことで私が三階の支店長室へ行き「今第一号のお客が来店しました。先日取引開始した朝倉産業の朝倉社長です」と言うと支店長「そうか直ぐ行くから室に通して」「ハイそうします」と先に二階へ戻るとまた貸付窓口に続いて第二号のお客がまた私が担当の客が続いてしまったのでそちらは私がお相手していたので朝倉社長とは殆ど話す機会が無かったが支店長が長くお相手してくれたと後で支店長室に呼ばれ話を聞いた。

それによると社長曰く田口さんが事務所に見えた時外交をやっていると聞いたのでお若いのに銀行の外勤では大変だね、今お年はいくつですかと聞いたら二十三歳で高卒で入行したのでもう五年も勤めているが外勤は今年の四月からでそれまでは事務職でしかも埼玉の浦和支店からこの四月に転勤して来ていきなり外勤で当店はノルマも厳しいので大変です。何でも良いのですが何か取引をしていただけないでしょうか。私正月生れなので何日かで二十四歳になります。そう正月生れですかではお祝に何かしなくてはね。たゞうちの会社も金がそうある訳ではないが受取り手形がいくらかあるのでそのうちの三割を定期預金にするというのはどうですか？　と田口さんはいくらの手形なのですか？　と聞くので三枚で百万円あるのでどうですか名柄はそう悪くないですよ、私と長い付き合いの会社ですからと話しが進み、初めてなのに田口さん素早く答を出してくれたので約束どおりお世話になりました。そして実は田口さん昨日新宿区上落合の私の自宅まで埼玉県の熊谷市から遠い道のりをわざ〳〵新年の挨拶に来てくれました。そして今日のこと誘われたのですが大した取引でもなくご辞退したのですが田口さん帰られた後もしかしたら支店長に命じられて来たのではと心配になりしばらく考えたのですがどうせ今までの取引銀行の三菱銀行へは毎年伺っているのでその前に平和相互さんに行ってみようと決意してまいりました。と、支店長曰く「そうでしたか、私は命令も何も出してなく初耳です。そうですか」と次の言葉が出なくなってしまったよ、と「あの社長の弟さんは現在京都大学の教授をしているそうだね。社長は品格があるし、あなたのことを誉めていたよ。いい人を知ったなあ、大事に付き合いなよ。それと日本男子なんだなあ富士山を見るのが好きだと言っていたから山中湖の保養所(銀行の)を紹介してあげたらきっと喜ぶと思うよ。僕は言わなかったけど田口君から言えばいいよ。紹介書に僕も印を押すから」私「わかりました支店長どうもありがとうございました」そして早速後日山中湖の話を社長にもちかけるとぜひ行ってみたい、と頼まれたので二人分(奥さんには先だたれて子が無く生活の賄いをしてくれている女性)を紹介し行って来たあとお礼の連絡があり「素晴らしい保養所だねえ、あの大きな総ガラス張りの食堂から望む富士山何とも言えなかったよ、素晴らしい。またのんでも良いかね」「どうぞどうぞ支店長にも伝えておきます」「くれぐれもよろしく言って下さいよ素晴らしかった。そして料理もとても美味しかったと、あそこの料理長腕《うで》良いね。たちまち親しくなってしまったよ」それから仕事の方の取引は手形割引をした手形が決済となりそれ以降割引きの申込みは出なかった。預金の方はそのまゝ残してくれて、私のノルマについてはいつも心配してくれて何かの時大きな額ではなかったが定期預金を始め積立など応援して下さった。山中湖の保養所も昭和四十年度だけでも月一度位のペースで紹介書の発行を差し上げたが、たゞ当時としてはご高齢（六十三歳）で杖を手から離せずいつも帰って来るまで心配であったが社長の方からは仕事を離れ私を自分の子供のように親しくして頂いたが一つ〳〵の細かな事はこの場では割愛したい。

昭和四十年に入り仕事にも大分慣れ細かい数字ではあるが既存客からの紹介やまたその紹介なども増え月々のノルマの達成までは行かない迄もソコソコの数字までは上げられるようになったが未だに係でトップの座は味わえず夏場に差し掛かった。

支店長もこの四月T支店長からM支店長に替り、前支店長は本社の取締役業務推進部長に昇格してM新支店長は本社の同じ部の次長だった人が赴任して来たが誠に厳しい人だった。歳は五十歳。元陸軍大学を首席で卒業そのまゝ旧陸軍に入隊南方方面軍の参謀で小佐だった由（本人の言）自慢出来るもの剣道、日本の有名ボクサーの若き日のピストン堀口と対戦し彼をあお向けに倒し（当時は足掛けの技があったらしい）竹刀の先で首を差し込みマイッタと言わせた事がある。自身で腕相撲も自信あるよと言い私と同じ係の新同僚で同年令、大学のテニス部に所属して体も私より一廻り大きいS君を名指し、全く負けなかったのでなるほどこれは本物だと思ってしばし驚いた。当時五十歳というとかなり年寄りというイメージになるので。仕事も厳しく眼鏡をかけていたがその奥からの眼光は鋭かった。前任のT支店長と同じく得意先係のベテラン先輩係員を厳しく指導していた姿が記憶に残っている。

そのM支店長が四月に転任して来て三ヶ月ほど経過した六月頃各係員との個別ミーティングを受けた時「君もこの仕事に入って一年余り過ぎたようだが未だ〳〵だ」と言われたことをよく憶えているが私もこの仕事に少しは慣れて来て毎月トップまでは取れなくても先輩達にも少しは対抗出来る様にはなったかなと思い上っていた時だったのでその言葉に不愉快になったのだが、支店長は私の過去のデータ（ノルマの達成率など）前もって調べておいての言葉と理解しそれでは文句の言える筋合など無いな、と思い直し、「よーし、いずれこの支店長をギャフンと言わせてみよう」と決意した。それにはどうすればよいか。

大した発想は浮かばなかったが、細かくても一度に数多くの定期預金か、一箇所で多額の定期預金が獲れないか。あるいはその下地として普通預金口座をまとめて獲れないか。反面今迄のようにこつ〳〵積み重ねて行く実績も忘れずに。そして夏枯れの七月・八月が迫って来た。

銀行業務も諺どおり冬枯れ夏枯れの二月《ニッ》・八月《パチ》この七月・八月は夏休みがあり銀行も年に一度の夏休み休暇で落ち着かず、気分転換に毎年恒例の普通預金口座獲得の特別月間を催すので昨年のような惨めな成績（知人や親せきに頼んでやっと五件）では許されない。目的はこの時期に出来るだけ一般の口座数を増やし後日の預金増加の礎とすべく獲得競争を行うのであるから今年の七〜八月もこの恒例行事を行なう時前々から勧誘に伺ってみようかと狙いはつけたが、どうしても勇気が涌かず今年こそと伺った所が池袋駅東口より徒歩四〜五分の繁華街のや丶はずれの三角路に挟まれた所に大きめの四階建の鉄筋コンクリートビルがあり一〜二階がキャバレーBで四階がその事務所らしいので、そこへ伺い従業員やホステスさんの普通預金口座が獲れないか交渉してみようと或る日訪問したら運よく支配人がおり名刺交換をして、支配人曰く「あれ、おたくの銀行のSさんという人が数回来ましたよ。そして法人取引が出来ないかという話なので法人は古くから銀行取引が数行あり、かつ本社の意向もあるので難かしいと伝えてありますがSさんは未だいらっしゃるのでしょう？」
私「いえSはこの四月に転勤しましたので。そうですか、伺ってたのですか。私は目的が別で皆さん個人の預金取引をお願い出来ないかと思い伺ったのです。場合によっては集金に伺ってもと思うのですが」
支配人「あ、数が多くなればということですね」
私「ハイその通りです」
支配人「ホステスなど希望者がいても構わないですか」
私「全く結構です」
支配人「それならちょっと考えますので少し時間を下さい何日かしてお電話しても良いですか？」
私「お待ちしてます」
と銀行のパンフレットと大型マッチを二箇置いて失礼したが感じとしては少し期待できるようで気分も悪くはなかった。

キャバレーBのホステスさん達

その後五日間電話を待ったのだが無いので今日再度訪問してみようと夕方四時頃事務所に伺ったら支配人が居り「あー先ほど田口さんへ電話しましたら田口さん外出中とのことで交換手の女性に電話があった事を伝えてほしいとお願いしておきました」私「それはすみませんでした。私もそろそろお電話頂けるかなとお待ちしてました」

そして支配人曰く、ホステス全員（約五十人）に話をして希望を採ったらほとんど全員が「此処へ来てくれるなら」普通口座を作りたいと手を挙げたとのこと。尚事務所としては強制ではなく彼女達が自主的に入りたいとのことでホステスの年輩のリーダー的な人が週二回ぐらいは来てもらえるなら皆さんからの通帳と入金分をまとめて預かっておくとまで言ってくれているとのこと。私が週二回とは〝何故？〟と尋ねると「チップをもらったものを入金したい」とのこと。なるほど私は給料日にでも行けばどなたかが入金してくれるのではと思っていたのでそこまでは気がまわらなかった。ではまとめて預かっておいてくれる担当のホステスさんや私としても手数を省く為鋼貨は除き百円札以上の入金ということで合意させて頂いた。

そして支配人がこの手続きをまとめてくれるホステスの節子さんをここに呼んで紹介するからと仕度部屋から呼んでお会いさせてもらったら年令は三十歳くらいで顔も地味で言われなければ会社の事務員さんのような風貌だった。一言《ひとこと》ご挨拶したら支配人が「ではあとの事は節子さんにまかせるよ」と言い、節子さんは「では三階の方へご案内しますのでそこであとの手続きの仕方を教えて下さい」とエレベーターで三階へ行き開いたドアの目の前に入室用のドアがありその行く手を遮《さえぎ》るように立て看板があり「男子の入室を厳禁」と書かれてあるのでここがホステスの専用階だったのだ。

入室を躊躇していると節子さんが開けたドアの中に入り手招きをしながら「どうぞ入って、靴をぬいで上がって」と言うので恐る〳〵入室すると見たこともない光景に驚き足が前へ進まず案内された場所は畳部屋で六〜七人が並んで化粧が出来る鏡付きと化粧台付きの高さ一・五メートルぐらいの衝立が奥に向かって五列ぐらいあり、そこにホステスが正座やあぐらで化粧や身支度の真最中。しかも節子さんの場所は部屋の一番奥の窓際なのでそこまで行き着くまで目のやり場に困ってしまった。節子さん曰く「いい眺めでしょう」とこちらは何の言葉も出ず下を向いたままで「次回から私一人でここまで入って来るのですか?」と節子さん「えゝ皆さんには話してありますしこれから紹介しますから大丈夫です」私「支配人さんも了解しているのですか」「え、勿論」。あまりに事が早く運んだので普通預金の申込書や印鑑紙、入金伝票など五十人分など持ち合わせてないので一人分は一式資料のみ渡し記入方法などを説明し五十人分以上を事務所の支配人か事務の人に届けておく旨話し、取り敢えず失礼し銀行に帰店し　揃え六十人分を用意した。そしてホステスのほゞ全員の口座が出来るまで今のように印鑑が直ぐに用意出来る時代ではなかったこともあり、一日に十人ぐらいずつ通帳を渡し全員が終るまで一週間ぐらい要したと記憶している。でも当時はホステスの皆さん一人々が昼間に銀行へ行き口座を開設する勇気はなかく〳〵出来ない時代だったと思うし、げんに真新しい通帳と銀行のサービス品の一つのタオルを付けホステスさん一人〳〵席にお届けしお礼を言った時の喜びようと自分の銀行通帳を見た時のあの眼の輝き、今でも鮮明に思い出す。

そして…そしてまだ何とも言えぬ記憶があります。通帳に挟んだ百円札の汗に濡れまだ乾ききらないまま預かる時、昨晩客がドレスの胸元に入れてくれたのでしょうそれを閉店までそのまゝにして汗で濡れたままを通帳に挟んでおいたのでしょう何枚もの百円札が濡れたままで私の手許に、それも何人もの通帳から同じように。

私は銀行へ戻ると自分の机の上にバラ〳〵に並べて少しでも乾くよう時間をかせぎ一階

の預金係の普通預金の担当者に入金依頼をした。そもくホステスさん達の新規通帳を作る時毎日十通位ずつみんな女性名儀だったので普通預金担当の女子行員から冷やかしの眼で見られたのでまた何を言われるかとも思い注意をしていたのである。尚、彼女達の強い貯蓄意欲には感心したもので一度入金すると引き出そうとせず給料日などもその一部を入金する人が多くひとりひとりの入金分を間違いなく確認しそれぞれを私が伺うまで保管していてくれた節子さんのご苦労も大変だったと思い銀行のささやかな贈答品であるタオルや石鹸など差し上げ感謝の気持ちを表したことを思い出す。

それにも増して預金客を紹介してくれたり、自分の姉妹や兄弟の普通預金口座を開設(当時は代理人が名前の別口座を作っても構わなかった) してくれたりホステスの皆さんにはずい分私のノルマにもご協力頂いた。 またその逆にホステスさんのノルマの一つでしょうか毎月一度顧客と同伴で店の表玄関から入店する催しがあり「料金は取りませんので私と一緒に入ってもらえませんか」 と何人かに声をかけられ客になり代わり協力し店内で一時間ぐらいつき合い客の真似をした事も。 若いホステスさんは初めて作られた自分名儀の銀行通帳がうれしく一度自から銀行へ行って出し入れをしたかったのであろう「田口さん今度田口さんの銀行へ行っても良いですか?」 と尋ねられたので「はいどうぞ来て下さい何日の何時頃かわかればその頃私も帰店し待ってますよ。そして窓口の人に出口さん居ますかと呼んで下さい」と。

或る日の夕方三人で来られた事があり窓口行員に呼ばれて一階の営業場へ行ったら三人が椅子から立ち上がり手を振ったので他の顧客が驚いて両方を見比べていた事もあったが当時は今と違い一般女性とは少々着ているものも奇抜な感じを受け職業性が現われるので銀行内では他の客だけでなく銀行の女性行員までもがびっくりしたのでしょう。あとでずい分ひやかされた事があったのです。それよりキャバレーの方へ集金に伺う時の方がずい分からかわれもしました。何しろ彼女達の半分以上は私より年令が上なのでしかも仕度中に行かなければならず、彼女達は上半身裸で化粧している人も居るわけなので、見ぬふりをしなければならないが、それを知っていてからかうのです。でも何か温かい人情味を感じる人が多く私の辛いノルマのこともよく理解してくれ細かいながらも協力を頂きそれが何十人と重なれば大きなものになり有りがたく感謝を忘れずに居たのです。

ここで今昔の貨幣価値を昭和四十年と現在の比較を表わしてみることにしよう。

先ず給料であるが昭和四十年四月現在私の月給は外勤手当を含め一万九阡円だったので当時婚約者がおり二万円に到達したら結婚するつもりでいた。住む家は四年前に古いが親から一軒家を生前相続を受けていたので幸い家賃の心配はなく翌年四月になれば昇給といくらかの配偶者手当も付くし外勤の成績も何とかなりそうなのでその頃結婚しようと思っていた。

その年の当銀行の高卒初任給が男・女とも一万二阡円だった。それに対し厚生労働省が公表した令和二年の賃金構造基本統計調査によるとフルタイムで働く人の平均月給(残業代など除く)は三十万七阡七百円・尚高校卒初任給平均十七万七阡七百円とあるのでその高卒初任給を比べると当時の約十五倍となる。因みに昭和四十年当時私が取引先として担当していた日本ソバ屋さんのメニューを記録してあるがモリ・カケのソバが三〇円、タヌキとキツネソバが四〇円、支那ソバ又は中華ソバと言っていた現代のラーメンが四〇円、海老天の乗っている天ぷらソバが六〇円等々池袋駅より徒歩で十五分ぐらい離れた所だったので駅前より少し安価だったかも知れないが現在の価格と比較すれば倍率としては納得出来るのではないかと思う。しからば当時のノルマのうちの一年もの定期預金の獲得には現在の千五百万円に相当する金額になるので毎月これだけでも到達するには至難の業ではないかと思う。ここではそれが言いたかったのである。

山田達雄氏との四ヶ月

さて昭和四十年も師走という最終月に入り秋口からの努力が実り自分の予想や予定以上の結果が残せるのではと自覚し各々顧客から取り付けた予約や約束などを取りまとめるとノルマの項目の全てに近い達成額が弾き出されもしかしたら今月は得意先係全員の中でトップが取れるのではないかと月初の全体ミーティングがはじめて待ち通しいものに感じた。トップを取ると店の間近にある東武デパートの商品券五百円が出て表彰される。そして中間の十五日時点で室内に掲示されている成績の棒グラフを見ても各項目で殆んど一位をキープしているのである程度の確信を感じた。これで今度こそ良い正月が迎えられるかなと思いつつこれからは未だ預金の声かけを行なってない期待出来そうもない担当客のうちの一人山田達雄氏（小さな喫茶店経営）にもダメモトで声をかけてみようかと思ったのが十二月十六日で、午後に伺うことにした。

同氏の経営する店は池袋駅東口の三越デパートの裏手に戦後出来たのであろう飲み屋向けの木造平屋建ての貸店舗長屋が狭い路地をはさんで両側に六〜七軒ずつ向かい合せに並んだ中ほどに何故か喫茶店が一軒あり、それが山田氏の経営する店で伺って右側の片開きのドアの目線の位置に「山」と店名の表示があるだけで、ドアを開けてみないと何の店かも判らないし中は営業中でもうす暗く入るとすぐ左手に四人用テーブルと椅子四ツその奥にカウンターがあり椅子三ツ、その背後に二人用のテーブルと椅子二ツ合計九人が掛けられるが私が担当して八ヶ月余り集金日を含めて月に一回ないし二回訪問して来たが、今までに客と居合せたことが二度それも各一人これで商いになるのだろうかと思っていたが一度だけ土曜の夕方訪問した時床に足の踏み場も無いほどリュックが置いてあり「マスターどうしたんですかこれは」と聞くと「若い連中が七人来て今夜山登りに行くので今近くに飯を喰いに行っているところなんだよ」と。「そうですかマスターも行くのですか?」「うん」「山ってどこですか?」「松本の方だよ」「上高地ですか?」「よく知ってるじゃない」「六年前に行った事があるのです。新宿発二十二時の夜行で」「山に登ったの?」「いえ旅館に泊まりました。河童橋のたもとの五千尺旅館です」「へえ〜贅沢だな〜」「銀行に入って初めての慰安旅行だったのです。大正池や明神池を見て焼岳の途中まで上りましたがそこまででした」「そう」「ではマスターこれで失礼しますがどうぞ気をつけて行って来て下さい」「うんありがとう」とこんな程度の話で終った。

そして今の取引状況は定期積立預金の一年もので毎月の積立額は三阡円で満期時の積立

総額は三万六阡円。それに年四パーセントの利回り利息が七百八拾円付きこの積立金額が得意先係で取り扱える最低額であった。今年の四月先輩のSさんが転勤になりその時彼から私が引継いだ客で前年の八月暑い日に仕事の合い間ひと休みに店に入った時客が一人も居なかったのでマスターに積立金でもと声を掛けたら、一年満期でその満期時に満期金を出金する条件ならと加入してくれたが本当は担当区域の田口さんへ引き渡さなくてはと思ったのだが田口さんもこんな条件ではいやな顔をされるのではと思い今まで自分で集金していたが今度転勤なので申し訳ないが引き受けてと言うので私も「勿論お受けしますよ、私も疲れた時その店で休ませてもらいますから」と。そして八月に満期が到来した時も「前任者のSから引継いだ時よく話を聞いておりますから」と条件通り満期金は届けて尚同額の積立のみ継続してもらい今日に至っているのである。

この頃私の上司である岡野係長も他店に転勤し、転入したSI係長が上司についた。さあ本日伺ってどの位の条件を提示してみるか考え現在進行中の積立金が月額三阡円で一年満期で三万六阡円それを前の八月に満期金を利息と共に届けたのでその位の額ならお願いしても良いだろうと考え訪問した。相変わらず薄暗い店内に客は一人も居なかった。山田マスター「今日は何だね？　積立金は十日に預けたよね」「ハイ今日は折り入ってお願いがあり伺いました」「ハハー年末なので何か預金してくれと言うのでは」「図星です年末なのに私の成績があまりに悪いのでマスターに少し助けてもらいたくて参りました」「何をいくらやってくれというの？」「私どものノルマで一番厳しいのは一年ものの定期預金なので五万円ぐらいいかゞでしょうか」「成績が悪いって貴方のノルマっていくらなの？」「定期預金だけでも一ヶ月毎《ごと》百万円なのです。それも当月の落込みをカバーした上で百万円なのです。しかも一年もの定期が一番点数をもらえるのです」「そう…それで落込みはカバー出来るの？」「ハイ今月は何とか落込みのカバーぐらいしか今のところ目途が立ってないものですから」「そうか百万円かあ、それを毎月？」「そうなんです。しかも今月は年末なので少しでも上乗せしておきたいと思いまして」「まあ考えておくから少し時間をくれよ」「わかりました、どうぞよろしくお願いします」この位の交渉で引き上げ数日が経過し正直あまりあてにしなかったので忘れてしまった。

そして大晦日（当時は日曜日でない限り営業していた）朝の九時店内全員の朝礼も終り二階の得意先ルームに戻り係員は皆かき入れ日なのでミーティングも無し、出発の準備中電話交換台より私に電話で「山田さんという方から電話です。おつなぎします」と。私「モシ、モシ」「あー田口さん？　山田ですが百万円現金で用意したから僕の名前で定期預金一年ものの証書を作って十時までに届けてくれないか。いいかい待ってるよ」「ハイわかりました」「じゃあねたのむよ」ガチャン……。現金の顔も見ないのに定期預金証書を先に作成して持って行く。それも百万円。無理な話だがしかも初めての人に。でも相談しよう時間がない。先ず係長へ「係長…今私の客から電話で百万円の定期預金をするから一年ものの証書を作って持って来てくれ。引替に現金を渡すからと言って来たのですが」「百万円?」「ハイ」「どこの誰?」「三越の裏の長屋の飲み屋横丁の中で小さな喫茶店を経営している山田さんという人からです」「あまり聞いた事が無い人だけれど今の取引は何があるの?」「定期積立月三阡円掛けの一年ものだけですが今月定期預金をお願いしておいたのです」…「ではY代理に相談してみよう」支店長代理の席へ二人で行き同じ事を相談。代理「百万円じゃあ家《うち》一軒建つ金だねえ現金を用意してるって田口君担がれているのじゃないの」「今月の十六日に私の方からたのみに行ったのです」「百万円の定期をしてくれって?」「いえいくら位と言われたので五万円位出来ないかと言ったら考えておくよと言われたので待ってますと言ったのですが、半分忘れてしまってましたが今朝の電話でこれです」「一応T代理（預金担当の支店長代理）に相談してみようかSI係長も一緒に下（一階の営業場）へ行って話してみてよ」

急いで係長と二人で一階へ行きお願いしたが「ダメ!!」と一蹴されてしまい「考えるまでもないでしょうそれは大変なイレギュラーだよ。いくら同じ職場の行員でもダメだよ百万円ものカラ証書を外に持ち出して事故でも起きたら誰が責任とるの？　しかもこの忙しい月末しかも大晦日ですよ危険だよ」二階に戻りY代理に「とてもダメだと受け入れてもらえません」「では一応支店長に報告しよう」三階の支店長室へ三人で行き今迄のいきさつを話し私が「時間が無いので何とか考えてほしいのですが」と支店長に懇願してしまった。すると支店長「その人は何歳ぐらいかね」「五十歳です」「今の仕事の前は何をしていたか知っていますか?」「わかりませんが戦中は陸軍の軍属として南方方面へ行き特にインドネシアで現地人に米の作り方を教えていたと言っていました」「南方方面では僕と同じだなあ。よし僕が田口君と一緒に行こうT（預金担当代理）には僕が言うよ」と電話で支店長室へ呼び「僕が責任とるから証書を作ってもらえないか、僕が田口君と一緒に行って来るから」と。そして「田口君仮の定期の申込書を書いて下さい僕がそれに印を押すから至急証書を作って時間が無い」と渋る預金代理を強引に説得し証書を作らせた。

SI係長「僕もお供しましょうか?」

支店長「いや相手が神経質そうな人だから僕と田口君だけの方がいいよ」

さあ行こうと慌しく店を出て池袋駅西口と東口を結ぶ百メートル余りある地下道を抜けると眼前に三越デパートが見えデパートの脇道を奥の方へ抜けると目的の飲み屋横丁がありその間ん中の路地を指差し「この中です」支店長もさすがに「え～この中？」「ハイ実は私店外でマスターの顔見たことがないのです店の中も暗いです」「そう」そして店のドアを開け「おはようございます遅くなりましてすみません今日はうちの支店長がご挨拶に上がりました」マスター「そうこんな所へわざわざ」他に客は一人も居なかった。

マスター「とにかく〝ハイ〟百万円」

壱万円の新札で東洋信託銀行の名入りの紙帯が巻いてあった。

私「すみません確認の為帯をはずして数えさせて頂きます」

と横読み（扇のように開いて四枚ずつ数えてゆく）で数え「間違いございません」

マスター「さすが銀行さん早いね」

支店長「田口君は窓口の預金係を五年やって来たので札勘定はベテランなのです」

私「未だデパートも開店してなくて何の手みやげもなく取り敢えずウチのタオルです」

と証書とタオル三本付けて申込書にサインと印をもらい取引は済んだ。

支店長「田口君から聞いたのですが戦時中南方方面に行かれたそうで私も当時シンガポー

ルからフィリッピン方面軍にいました」
マスター「そうですか、それはなつかしいですね。お年も僕と同じくらいではないでしょうか」
支店長「ピタリです」
マスター「いやく楽しいこともあったけど苦労しましたね」
と、それからあそこでこうした、ああなったなど大分話が盛り上がって「田口君も若いけれど可愛がって下さい。良く仕事もし今月などは成績も今年最後の月で最初からトップを走って来ましたが最後にこんな大きな定期を戴きまして本当にありがとうございます」…私は「マズイ!!」と思ったしその時私を見たマスターの眼が忘れられなくなった瞬間だった。

帰店途中、私が「支店長私山田さんには今月も今のところ成績がペケだしノルマの達成もほど遠いのですが少しでも点数を上げておきたいので、定期預金をいくらでも良いですからお願い出来ませんか」と言った手前私がウソをついた事になってしまいました。店長「そうかマズかったかな…でも気分も良さそうだったし大丈夫じゃないの。あとで代理か係長とデパートで何か買って再訪してお礼の挨拶をして来るように僕からどちらかに指示をしておきますよ」そして店に戻りそのまゝ支店長室へ直行しそこから一階営業場の預金代理の席へ電話をし「今戻ったよ間違いなく現金百万円を預かって来たからここへ取りに来て下さい」と、直ちに預金係長と定期預金担当の女子行員が来て係長「今代理が接客中なので私が代りにまいりました」支店長「そう、ではここで現金と申込書を確認して下さい。現場で田口君が一度確認したが再確認を」女子行員が再勘定し「お間違いございません」と言い支店長「ではどうぞ下で事務処理をして下さい。T代理によろしく」と二人を退室させ「田口君二階へ行こう」と私をうながし二階の得意先係室へ行くと担当代理が居て「あ、ご苦労様でした間違いなく終りましたそうで」支店長「うん入ったよ百万円後でデパートで何か買って代理が再度挨拶に行ってくれないか」代理「ハイそうします」休む暇なくY代理と近くの東武デパートでビスケット風洋菓子を買って二人で再度訪問した。代理も店の構えと山田マスターの容貌を見て驚いた様子だった。結局午前中はこの一件で終ってしまったが思いもしなかった預金獲得だったので年末の決まっている集金も多いので午後は昼食もそこ〳〵にふる回転だったが山田マスターへのウソが頭にこびり付き、新年の四日には一人でお礼かたがた謝罪に行こうとそればかり考えていた。

夕方五時過ぎであったと思う。帰店し入金処理中に支店長室より内線電話で支店長室へ来るよう言われたので早速三階へ。室に支店長が待っており「今日はご苦労さん。突然だが正月の二日に我が家に来れないか？（つまり支店長宅に来ないか）と言われたので何の事かは解かるので「ハイよろしかったらお邪魔させて頂きます」と答えると「S君にも声を掛けたら来ると言ったので君と二人でと言うことになるがいいだろう」と言うので依存はありませんと返し念の為支店長の住所と道程を教えてもらい退室した。

二階へ戻り自分の机へ戻ると隣のS君が目くばせしたのでうなずいたが他の係員達のもっぱらの話題は私が一軒で百万円の定期預金を獲得した事で沸いていた。当時の百万円はその位の効力があったのだ。そして店の閉店（七時）を待って得意先係全員で支店長、次長、担当代理とで軽く打上げを行い預金係や貸付係の業務終了の目処がつく頃（早くて大晦日は九時）先に退店する習わしだ。支店長もその時点で帰るが次長は最後まで事務部門の終了を見届けて帰る。

帰り掛けにS君と正月二日の待ち合せを確認し別れた。S君は私と年令は同じだが大学卒で一年事務の預金係を経験し今年四月に店内移動で外勤の得意先係に配属され私と同じ第三係で駅東口担当となり今年の秋口新規開拓の途上で小規模の楽器（ギター）製造業者を知り百万単位の定期預金をする替りに利息に色を付けてくれないか（つまり裏利子）と無理を言われ店長はじめ役職者で悩みぬいた事があり結果は私も関わる事ではないので答は聞かずにしていたが室内に提示してある成績グラフを見てある程度は受け入れたのではと解釈してはいた。但その後の取引で苦労をした事は後で知ったがそれは後々のこと。それが現在では国内で有数の楽器専門会社の駆け出しの頃の話しである。

さて帰りの電車の中でも結局この十二月のノルマはだんトツでトップは獲ったものの山田マスターにウソをつき年初の四日に挨拶かたがたお詫びに行くまで気になるし、元旦には彼女の家に行き春ごろには結婚の同意を両親から頂こうと思うし、それを踏まえて三日には彼女を連れて上京（池袋と新宿へ）し銀行の顧客であるもそれ以上に親身にお付き合いを頂いている二人の社長宅へ報告に伺おうと思うし、また支店長からは池袋支店の全員に正月中に「書き初め」を書いて四日出勤したら提出することとの御達しがあり、どうしても苦手の人は許すが原則全員のこととの御達しだが得意先係としては全員提出のこととの厳命であった。私も太い大きな筆書きはそれほど苦手ではないがどういう言葉を選ぶかその方が難しいので元旦に彼女の家に行った時彼女の父親が小学校の教員なので相談すれば何かヒントをもらえるか、具体的に名言を教えてもらえるかもと思いそこに期待をかけた。

そして支店長宅へ伺い酒飲みの興が乗ればさっと何か芸をやれとの〝命令〟が出される

料金受取人払郵便

小石川局承認

6163

差出有効期間
令和6年3月
31日まで
(期間後は切手をおはりください)

郵便はがき

112-8790

105

東京都文京区関口1-23-6
東洋出版　編集部　行

本のご注文はこのはがきをご利用ください

●ご注文の本は、小社が委託する本の宅配会社ブックサービス㈱より、1週間前後でお届けいたします。代金は、お届けの際、下記金額をお支払いください。

お支払い金額=税込価格+手数料305円

●電話やFAXでもご注文を承ります。
電話　03-5261-1004　　FAX　03-5261-1002

ご注文の書名	税込価格	冊　数

● 本のお届け先　※下記のご連絡先と異なる場合にご記入ください。

ふりがな
お名前　　　　お電話番号

ご住所　〒　　　－

e-mail　　　　@

ご記入いただいた個人情報は、お問い合わせへのお返事、ご注文の商品発送、新刊・企画などのご案内以外の目的には使用いたしません東洋出版の書籍をご購入いただき、誠にありがとうございます。

今後の出版活動の参考とさせていただきますので、アンケートにご協力いただきますよう、お願い申し上げます。

● この本の書名

● この本は、何でお知りになりましたか？（複数回答可）
1. 書店　2. 新聞広告（　　　　新聞）　3. 書評・記事　4. 人の紹介
5. 図書室・図書館　6. ウェブ・SNS　7. その他（　　　　）

● この本をご購入いただいた理由は何ですか？（複数回答可）
1. テーマ・タイトル　2. 著者　3. 装丁　4. 広告・書評
5. その他（　　　　）

● 本書をお読みになったご感想をお書きください

● 今後読んでみたい書籍のテーマ・分野などありましたらお書きください

ご感想を匿名で書籍のPR等に使用させていただくことがございます。
ご了承いただけない場合は、右の□内に✓をご記入ください。　□許可しない

※メッセージは、著者にお届けいたします。差し支えない範囲で下欄もご記入ください。

●ご職業　1.会社員　2.経営者　3.公務員　4.教育関係者　5.自営業　6.主婦
7.学生　8.アルバイト　9.その他（　　　　）

●お住まいの地域

都道府県　　　　市町村区　男・女　年齢　　歳

ご協力ありがとうございました。

はずだ。そうだそしたら元軍人であるのでシンガポールを陥落させ占領した時の歌（戦友の遺骨を抱いて）でも歌おう。軍歌は好きだしメロディもしっかり知っているし歌詞も二番までなら憶えているのでもう一度確認しておこう。と帰宅し昔買った日本軍歌集を紐解いた。さあ明日は元旦私の二十五回目の誕生日だ。…元日は彼女に前もって結婚の話をしておくよう伝えておいたのでその方はすんなり両親も応じてくれた。それと「書き初め」おだいもくの方も父親の持っている書物から引いてくれた言葉が自分としても良い印象なのでありがたく採用させて頂いた。それは「百草競春花」という漢文だった。「百草春花を競う」と読むのだそうだ。家に帰り直ぐに書いたがまあ〳〵の出来だと思ったので四日の初出勤の時に提出しよう。

二日はS君と国電板橋駅で午前十時に待ち合わせ板橋区内のM支店長宅へ向かった。玄関先で奥様にお目にかゝったのだが当時の女優の大空真弓にそっくりなのには驚いた。M支店長は旧妻が急逝され最近再婚されたとは聞いていたので奥様は若く見えたが別に違和感は無かった。中へ通され新年の挨拶と支店長からは昨年の二人の頑張りについて慰労の言葉を戴き沢山のご馳走と御神酒を頂戴したあと案の上支店長から「何か歌でもうたってよ」と注文が出たので迷わず「『ではシンガポールの唄』を歌わせていたゞきます」と言うと支店長「シンガポールの唄?」私「ハイ戦友の遺骨を抱いてです」支店長驚いたように「そんな唄知っているのか?」「ハイ歌えます。私、軍歌が大好きなのです」「そうか…では歌ってみてよ」「ハイ、では行きます」

「一番乗りをやるんだとリキんで死んだ戦友の遺骨を抱いて今入る～シンガポールの街の朝」

「二番行きます」と言ったら支店長立ち上がって踊り始めてしまった。そんなことで繰り返し一番～二番を二回歌わされてしまった。そして最後は上機嫌で戦時中の体験談を聞かされ、あらためて今年の挨拶をして帰らせて頂いた。

翌三日は一年前に法人取引を戴いた朝倉産業の社長宅を訪問四月頃結婚の予定である旨話したら婚約者のことを聞かれ、同じ熊谷に住み同じ銀行の浦和支店へ勤務中である事を話すと、「同じ銀行の娘さんなの。では一度我が家へ連れて来て下さい」と言われたので「では結婚前に一度連れて伺います」と言い後はお互い好きな将棋を一局指し私が勝つと社長「ずい分強くなったなあ誰か強い人と指しているの?」と聞かれたので「ハイ元日本将棋連盟の奨励会三段の人を知って何回も相手をして頂きました。うちの銀行のお客様でもあるのです」「そうでしょう一年前とずい分違うよ」「では社長今日はこれで失礼しますが明日はうちの銀行へおいで頂けますか？　支店長も昨年代りましたので」「でも大した役に立ってないからなあ」「そんなことありませんよ沢山のお客様を紹介下さいましたのでぜひおいで下さるようお待ちしております」

新宿の朝倉社長宅を辞退し電車で熊谷まで約二時間の車中も山田マスターのことが気になって…うす暗い店内でチラット私を見たあの眼。一瞬だったが何かが翻ったのではないか東洋信託銀行のことだろうか。うちより金利の高い銀行から「この年末に何で」と言われながら押し切って解約をして来たのにウソをついたのか田口は支店長と私があの店を出てからマスターは何を考えていたろう。「チキショー来月になったら解約してやる。父親のように年の違う人間をだましやがって」でもY代理と再度訪問し菓子折と再度お礼の挨拶をした時特に表情を変えず淡々としていたが……いやそういう人こそ怖いのだ。何しろ戦争の真たゞ中を敵地で死線を越えて来たのだ。普段の様子だってあの用心深さは普通ではない。私の恐いのは一方的な考えだが即解約されることである。それがあると前月の好成績も全て台無しになるだろうし、もっと悪く考えれば山田マスターに頼んで仕組んだのではなんて疑われかねない。それどころか今月はマイナス百万円から出直しになるし、それを埋め合せる材料も無く純増ゼロで終ることにもなりかねない。しかし悔やんでいても何もならないし明日の四日は誠意を持ってぶつかるしかないという心境で行こう。

明けて四日、昭和四十一年の初出勤開店三十分前の八時三十分一階の営業場に全員集まり支店長の年頭の挨拶と訓辞と次長からも簡単な挨拶と昨年末の預金量の報告等あり、それぞれが仕事の配置についた。仕事始めの四日は当店の主要取引先の幹部が年初の挨拶にこられるのが恒例になっており得意先の各係員も特別の用事がない限り店内で待機することになっている。私も午前中は待機して来店した担当客に対応した。朝倉産業の社長もお見えになった。午後は喫茶店「山」の山田マスターの所へ挨拶に行きたい旨の許可をとり出向いた。

店は開店していたが客は一人も居なかった。先ず新年の挨拶と昨年大変な協力を戴いたことのお礼とウソを言ったことのお詫びを言った。マスターは「そんなことはいいんだよ」と言ったきりで「正月の三日間は何をしていたの」と聞かれたので先ず「二日は支店長宅に呼ばれたので初めて行ってまいりました。マスターから大晦日なのにわざわざ大金を定期預金に預けて戴いた事と戦時中の事がよほど懐かしかったのでしょういいお客様を見つけていたゞいた」と喜んでおりました。私もお酒を頂いて興に乗り「戦友の遺骨を抱いて」を歌いました」「え〜そんな歌知ってるの」「ハイ私は軍歌が好きなのでこの歌二番までなら歌えるのです」「へ～驚いたな～」「昨日はお世話になっているお客様二軒新宿と池袋のご自宅へ挨拶に行ってまいりました」「銀行の人も大変だな～。ゆっくり出来たのは元旦だけか？」「元旦は私の誕生日で」「え～あなた元旦が誕生日なの」「そうなんです」「いくつになったの？」「二十五になりました」「そうなんだ二十五か若いな～」「それで今年の春頃結婚しようかと…前から相手の親からも承諾を得ておりました彼女が居るものですから相手の親にも伝えに行きOKを取りました」「そうおめでとう。その娘さんどこに住んでるの」「同じ熊谷です。今は同じ銀行に勤めております」「なんだ同じ銀行で池袋にいるの？」「いえ浦和です。私が前に浦和にいた時に知り合って、もうマスターのことも話してあります」「俺の何を？」「大晦日の大変な時に外《ほか》の銀行から大金をおろし定期預金して戴いた事、その結果十二月は外勤になって初めてトップを取った事それもお陰でダントツのトップが取れた事を」「そんな事を」「ハイそれでマスター今度の日曜日に彼女をここへ連れて来ても良いでしょうか」「あ、いいよ俺もぜひ会いたいね」「それでは十一時頃ここに着くようにしますけれど良いですか？」「いいよそれと田口さんは池袋支店で今の仕事をどの位続けられるの？「私には決められないのですがまあ〳〵の成績が続けられればこれから二年位でしょうか合計四年となりますのでそのくらいになるとおそらく転勤になると思います」「それではね、これから二年を限度として毎月百万円の定期をやるよ」「え〜百万円を毎月ですか？」「そうだよ但し田口さんが途中で転勤になったとしたらもう後はしないよ」「もう一度お尋ねしますが毎月百万円ですか？」「そうだよその位の金は持っているんだよ上野にはビルも持っているんだよ」「どうしてそんなに貯められたのですか？」「終戦間際にシンガポールで貴金属を手に入れたんだよ泥棒した訳ではないよ」「そうですか、では今月からで良いのですか？」「いいよ今月から預り証を置いてもらえば証書は後でいいよ」「わかりました。では今月も末日に」「いいよ用意しておくよ」「その前に今度の日曜日もおじゃまします」「うん楽しみにしているよ彼女によろしく」「では今日はこれで失礼します」

店を出て銀行の店へ向う間、何とも言えない気持になってしまった。毎月百万円家《ウチ》一軒分が毎月、明日までに今月の計画書を作らなければならないがそれを入れるしかない。今月は落込みも無くいくつかの獲得予想は立てる事が出来るので最大の目標である定期預金のノルマは達成間違いなし。来月からも落込みのカバーさえクリアすれば毎月達成も夢ではない。帰店したら直ちに係長へは報告しよう。夕方になりＳＩ係長に「ちょっと話があるのですが」と言ったら係長も何かを際したか「隣りの室へ行く？」「そうですね」と隣室で「先程例の山田達雄さんの喫茶店へ行き挨拶して来たのですが大事なことだけを話しますと、今月また百万円の定期一年ものをしてくれると言われまして、それどころか私がこの店で得意先係として続けて行くのであれば最長二年まで毎月百万円ずつの定期預金を預けると。但し田口がうちの店の担当を替ったり他店に転勤になったりしたらその時点で取り止め、という条件つきで。これからは証書は先に作って持って来なくとも預り証を置いてくれて後で届けてくれればそれで良いと。

SI係長「あのマスター何者だろうね」

私「少しだけ話してくれましたが終戦少し前南方から帰還する時シンガポールに寄り貴金属を手に入れたが決して泥棒したわけではないよと言い田口さんに約束する金ぐらいは持っていると言いました。私としても仕事上業務計画の柱となるし、こんなありがたい話はありませんよ」

SI係長「そうだね明日迄に作る今月の計画書に取り敢えず今月分だけ入れておきますか」

私「ハイそうさせて下さい。今月も落込みは少ないし定期預金の割り当ては達成です」

SI係長「よほど田口さんが気に入ったのだなあ」

外勤の得意先会議は毎月五日の夕方行われ、その前々日の三日までに当月の獲得予定表を担当の係長に提出し、それぞれのミーティングをへて四日朝係長より得意先担当支店長代理へ提出それを支店次長と当代理で整理し集計して店全体の業務計画にマッチするか否かを五日の会議で発表されマッチしなければ再度予定数字を修正しなければならない。早い話が各担当者個人がそれぞれノルマを達成する事が出来れば業務計画自体もクリアー出来る筈なのである。でも個人的には他人の成績など考える暇も必要もないと思っているし、自分の毎月のノルマが達成出来れば万々歳なのである。決算期も三月でもう僅かだしそこを見据えての自分の数字固めも必要になって来る。尚、先月（昨年十二月）の獲得数の実績表への書き込みも昨年に作成済であったが全係員中トップは間違いない結果であると確信した。獲得した定期預金の内容（金額・期間・貸付のからまない純預金であること）で文句無く点数が良いはず。定期積立預金の掛込口数なども一位だしこれで初めて東武デパートの商品券五百円を掴み取ることが出来るだろうし気分は上々だった。

私の所属する得意先第三係は過去一年半の間に私以外は岡野係長をはじめ係員二人とも転勤になり新たに前任係長より若いSI係長（三十四歳）。係員は私と同年で正月二日にM支店宅に一緒に伺ったS君。もう一人は高卒で私より一年後輩のO君でS君はともかくO君はこの三月でまる一年になるところで成果的には未だ目立ったものは出してないので今年（四十年度）が正念場を迎える年に立たされるのではと思うし本人もそれを自覚し出したはずだ。ＳＩ係長もいつもＯ君を心配している様子が伺える。第二係の新規開拓専門の一人で転勤したＳ先輩の後釜に転入したＫ主任も昨年四月からだがベテランらしくターゲットを債務客（貸付希望客）にしぼってまあ〳〵の実績を残しつつあるようだ。

第三係の二人も昨年大晦日のドタバタ騒ぎを知っているので「田口さんは今月も定期預金の割り当て額はＯＫですか？」と、私「ウン、まあね」と返すと「羨ましいなあ」と二人。そして作成した一月分の私の計画表を見たＹ得意先担当代理も「田口さん今月もまた家《ウチ》一軒分が入るの？」私「ハイ、マスターから約束を頂いたので間違いないと思います。そして今度は、その場で預り証を渡してもらえれば証書は翌日でも良いと言われましたので下（預金係）にも心配をかけることもないと思います」代理「そう信用も付いたね。しかし凄いなあ、また百万かあ」その時ＳＩ係長に伝えたこれから毎月のこともよほど言ってしまおうかと思ったが私のほかに第一係の行員もいたし今月末の二回目の預け入れが確実に入ってからでも遅くはないし、そのうちＳＩ係長が代理との話の中でそのことが出るかも知れないし何も今直ぐに言わなくてもと思い直し後は黙っていた。それと正月の書き初め大会だが優秀作五人の中に私の作が運良く選ばれた。

さて九日の日曜日婚約者を連れて喫茶店「山」を経営する山田達雄氏の店へ伺った。しかし客は一人もいなかった。山田氏も照れくさそうでも喜んで迎えてくれた。彼女も「山田さんのお話し彼からも良く聞いております。昨年末も大きな額の預金を預けて戴き、そんな額の定期預金は浦和の方のお店ではとても信じられない額ですのでやはり東京は凄い所だと思いました」と。そして「そのような高額の預金を今後も続けて下さるというお話を聞きお得意先の係員として何と幸運な男《ひと》だと思いました」と続けた。そこで私が引継ぎ、「彼女は浦和支店の得意先係の事務員として得意先のデータや経数管理の仕事をさせられているので池袋との違いが判るのではないかと思います」と言うと山田マスター「なるほど、そんな難しい仕事をしているの」彼女「いえ次長さんの指示どうりに働いており自分で考える事はそれほどありませんので難しくはないのです」マスター「そうですか。でもやり甲斐のある仕事のようだね」そしてマスター「ところで昨日多摩川へ行き渓流釣りをしてマスを釣って直ぐ焼けるように捌いておいたので持って帰って下さい。四枚入っているから」と包みを広げて見せて「美味しいよ」と。前に渓流釣りが趣味だとは聞いていたが釣って捌いたものは、初めてだったので今日の為にと行って来たのかなとも思い帰りの電車の中で彼女とも本当は優しい人なのだなとそして何か訳があって表にあるいは公の場に出られないのではと、もしかしたら本当は我々には見当もつかない才能の持ち主なのでは、それをあの戦争が邪魔してしまったのではと考えることも出来るも、まあいいや、私の仕事は上からの命令で割り当て（ノルマ）をこなすことに邁進する外はない。それが今の自分にとっては全てだから今年も頑張るぞーと、そんな対話で終った。

一月末日に山田達雄氏より約束どおり百万円の一年定期を預けてもらい、これが何としても大きく予定通り成績も一位を獲得した。次の二月の予定表も同氏から入る予定の百万円を計上し一年を通してニッパチと言われる閑散月であっても他の細かい予定額を寄せ集め計画上でも早やノルマ到達の計画表を上程した。何としても毎月入るこの百万円が大きく月間の予定も中心的な骨格が確立した為その他の計画の実現にも大いに役立ちこの山田氏の協力が何にも替え難い強力な援護射撃となった。

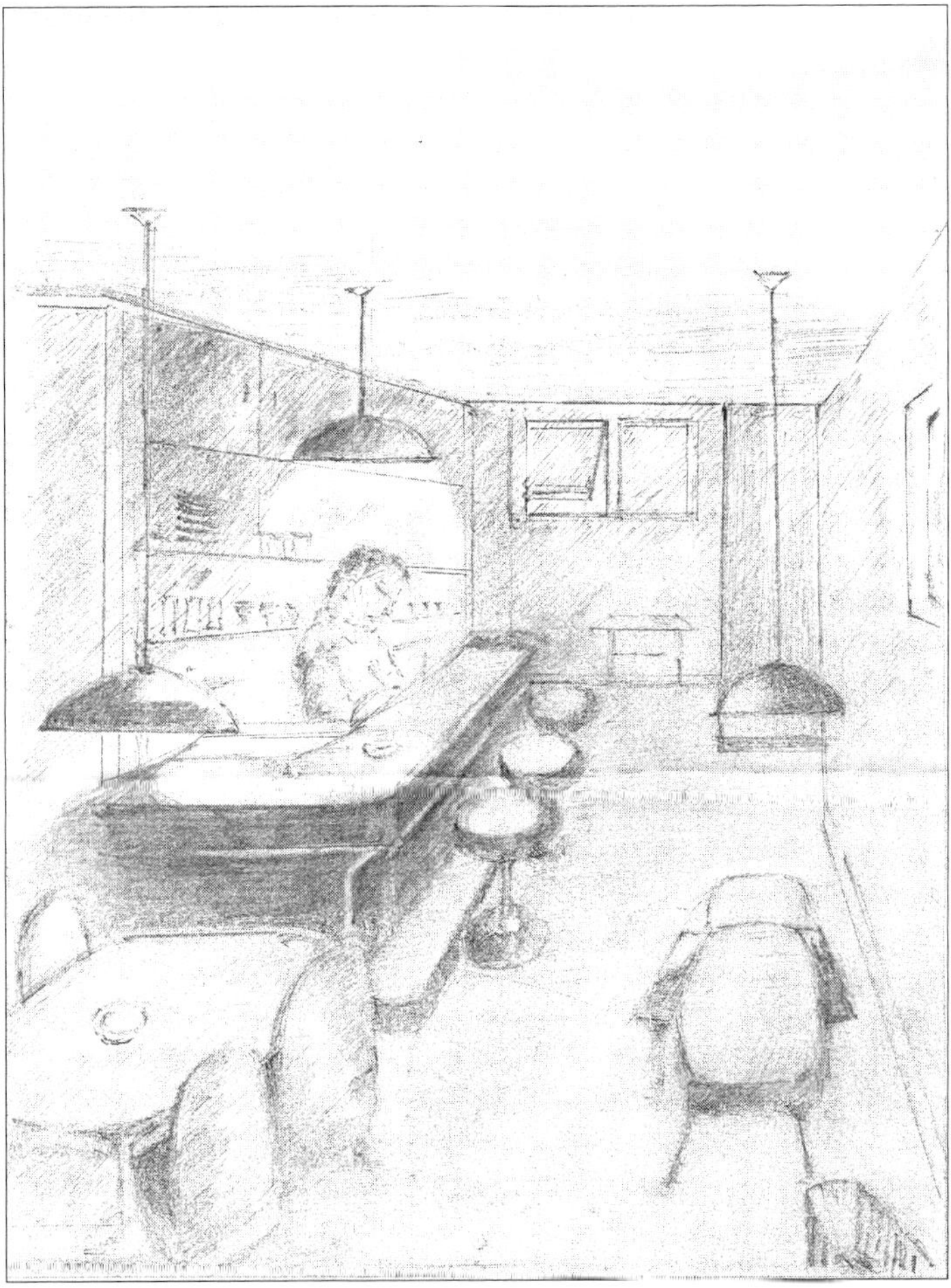

山田達雄氏の経営していた喫茶店「山」の店内の様子。

突然な上司の交替

二月に入り月初の得意先係の全体ミーティングが行われた最後に第二係のH係長と我が第三係のSI係長の交替がM支店長より突然発表された。唯の発表のみで理由などは何も明かされなかった。私は不思議に思った。こんな中途半端な時期に何で？　H係長を支店長が三人の得意先係長の中で一番信頼しているのではと言うことは何となく皆知っていると思うがこの時期の変更に何の意味があるのだろうか。解らない。もしかして私に問題があるのか、あるいは山田達雄氏の事で何か問題があるのだろうか。H係長は大柄でかつ温厚、部下にも良く気をつかうタイプで私なども好感を持ちかつ信頼していた。昨年のある月末、仕事が遅くなり私の家路につく鉄道の終電が無くなり、困った事があった時すかさず声を掛けてくれたのがH係長で「田口さん電車が無くなったのでしょう自分の知り合いの旅館をとるから一緒に泊まろう」と言ってくれ助かった事があった。H係長の家は東京の中野なのでまだ電車もあるのに後輩の為にここまで…他の人はみな帰りかけたのに大げさだが窮地を救ってくれたと今でも感謝の気持を忘れていない。だから第三係に赴任早々、同僚のS君と二人を飲屋に誘い、我々とのコミュニケーション作りに努力してくれたのだと思う。次は銀座へ行こう、銀座の有名な焼鳥屋の「タケチャン」に案内するよと言って、本当に二人を誘ってくれタケチャンのほか当時有名な日劇ミュージックホールにも連れて行ってくれたのだ。唯、しかし私も聞くこともしなかったが、何かこの移動には問題が隠されているのではないかと思っていた。

支店長が私の行動を警戒しているのか。山田達雄氏を警戒しているのか。

そうこうしているうち二月も終りに近づくも誰しも大した成果はあげていなかった。が私の場合月末には一挙に百万円の定期は着実に獲得出来るので係のみんなも今月もまた田口か、という雰囲気が漂っていたが毎月のこの百万は強力で「これが二年も続くのって本当らしい」と噂が伝わり「田口さんのスポンサーってどういう人間なの？」などと嫌みっぽい言いかたをする輩も居た。

二月が過ぎ三月始め得意先係全体ミーティングで前月の各人の成績の集計と今月中の獲得予定の計画表の提出に当然ながら山田達雄氏の定期預金百万円は記入してあったし三月は期末でもあるので、例月以上の達成予定額を計上し少なからず店の業務計画達成にも貢献出来るような努力目標も含め作成しておいた。その根拠として細かいながらこの一年で新しい客も増えたし、従来からの取引客にもだいぶ慣れ成績が芳しくない月など他行（他の銀行）から預金の移し替えなど協力してくれる客も数軒存在するようになり、自信も沸いて来たのである。中にはこういう客も居た。一年位前になるのだが自分の客数を増やす一環として店への新しい来店客のうち私の担当区域内に住所を持つ客の情報を送ってもらうよう一階の窓口のうち定期預金の担当者（女性）に依頼しておいたところその女性から直ぐに情報が出て「田口さん文京区音羽町でも良いのですか?」と私「いいですよ駅東口からの延長線上ですから」「昨日窓口に女性が来て男性の名前で二拾万円の一年もの定期預金をして行きました。預金係に申込書綴りがありますので見て下さい」「年はいくつぐらいでしたか?」「三十歳位かしら」「わかりましたありがとう早速申込書を見させてもらいます」預金係長の了承を得て確認するとAという男性名で一年ものの二拾万円である。これは私の担当区域であるも私が開拓した訳ではないので成績にはならないが、この客を訪問し次に何か成果を得られれば今度は自分の成績に所属長の了解を得れば成る、一応訪問してみよう。

後日私の訪問日誌に記入し住所（一戸建）を頼りに都電に乗った（当時池袋東口より文京方面には都電が走っていた）。目的地は直ぐに見つかり庭は無い戸建の二階建て住宅の呼びりんを押したらお年寄の男性が玄関引戸を開けてくれ名刺を差し出し預金のお礼に伺ったことを話すと、「息子は今不在なれど嫁が居るので呼びましょう」と二階に声を掛け呼んでくれた。再度話すとテレくさそうに「主人から頼まれた由」お礼を言いご主人にもよろしくと言い置き、粗品のタオルを置き失礼した。そうしたら翌日の朝九時に本人のAさんから電話があり、「銀行さんにこんなに丁寧にして頂いた事がないので妻からの話だと若い男性だったと言うので今度都合の良い時銀行へ伺いますので面会してもらえないか」とのことで「どうぞ喜んで」と伝え、会うことになった。定期預金の申し込み書を見た時職業と年令は無記入（当時はそれでも良かった）だったのでどの位の年齢なのか興味があったが、数日後に銀行へわざ〳〵来店して下さり会ったらやはり三十歳過ぎ位に感じた。店の応接室で話したが会社勤めをしている風には見えなかったので「何か事業をなされているのですか」と聞いたら「まあそんなところです」と言ったがそれ以上の事は聞かなかったが「田口さんは将棋はしますか？」と聞かれたので「将棋は子供の頃から好きですが今もってヘボ将棋です」と返したら「今度お手合せ願いますか？」私「ぜひお願いします。この店にも盤と駒がありますので夜七時前頃来て下されば二階へご案内しますから」「そうですか、では前もって電話をしてから伺います」との約束で数日後対戦した。

先ず私が先勝したのだが、敗けたと思った将棋が相手のミスで拾った勝利だったが二戦目は完敗だった。私は「これはまるで力が違う」と思った。私もヘボ将棋と謙遜をしてみたが店内の将棋好きと対戦しても敗けはしなかったので数ヶ月前に対戦した朝倉産業の社長ほどではないのではと思っていたが、これはもっと強いと感じた。私がもう帰れると言ったら、「駅東口の近くで自分の従姉が洋酒バーをやっているのでちょっと寄ってみますか。洋酒が嫌いなら飲まなくても良いし雰囲気だけでも味わって下さい。自分も酒は弱い方なので」と私「少しは飲めますから大丈夫です」と言いビルの地下で狭い店だが静かな雰囲気で従姉のママさんを紹介され私のことを「この人銀行の人なのだが先き程銀行へ伺って将棋を二番指して一勝一敗だったよ」と言ったらママさん「あらこの人に一勝一敗では相当強いのねと私を見たので「私の一勝はわざと敗けてくれた一勝です」と返したが笑いで終りで一時間も居ず二人で退店した。私が熊谷まで帰るのを話したら気を使ってくれたものと思う。そして再会を約束したが私も正直気を使ってくれそうな人だなあと思い、再会が楽しみだった。それから約一年の間、山手線目白駅の近くにアパートの一室を借りてあるのでそこで将棋をしようと誘われたが、始めは女でも囲っているのではと警戒しそんなことも話したが笑って「来ればわかるよ」と言われて一緒について行ったのだがなるほどそんな匂いはしなかった。時には泊りがけで将棋を指したこともあったが、誰か相棒が来ることもないし女が出入りする雰囲気もなく夜遅くまで過ごした事もあったし二人で食事をしても質素だったし酒もその後一緒に飲んだこともなかった。そういえば池袋東口で夕方以前伺ったバーのマダムに道で偶然会いマダムも私の顔を憶えていたのでAさんの今の仕事は何んなのか聞いたら「アラ知らなかったのですか。彼は巷の将棋指しですよ。元将棋連盟にいた事があり三段まで行ったのですがどうしてもプロになれず退会したのです」「そうですか、このことは彼には伏せておきます。どうにも強いと思った」私もさかのぼると、昭和三十九年十二月にアマチュアながら日本将棋連盟が認定する初段位を持っていたが翌四十年正月に朝倉産業の社長宅で御本人との将棋で二連敗を喫した時社長は自分の実力はアマの二段位だと言われたので私も連盟の発行する月刊誌の「将棋世界」を購入し通勤電車の中で毎日読み二段認定時の問題集の回答を毎月投稿し得点が二段寸然まで来ていた。それが昭和四十年十二月のことであり翌四十一年正月年初のご挨拶に伺った時、一局だけの対戦ながら勝ちを頂いたのもAさんとも何回も対戦させてもらいそのあげく力が付いたのではと自分なりに思ったものである。

驚くべき出来事・そして思いもしない展開に

昭和四十一年三月三十一日の業務が終了し当年度の池袋支店の業務計画の結果は仮決算ながら達成されたことが総務計算係から各役席や次長及び支店長へと伝えられ店全体が安堵の空気に包まれた。私個人的にも自分なりの計画目標に到達した。山田達雄氏からも今日百万円の定期預金を預け入れて頂き昨年十二月から毎月百万円が続き通算四百万円となり、当店にとっても純預金者として大口の預金客になりつつあった。続いてこれからも毎月この額が約二年積み上げられて行くとして、毎月のノルマ達成には他の預金客も順調に増えつつあるし、山田氏からの預金協力が基盤となり、不安材料は全く見当らなくなったが、そう言えば今年に入り毎月の表彰は一時中止しようという案が上層部で出ていると公でなくつつ口伝えで耳にしたが、この一月～二月は計算すれば私がトップではなかったかと思ったが違うかも知れないし、自分からは何も言わずにいたがそのうち直属の係長に二月の店内移動も含め真意を聞いてみようと考えてもいた。

私事だが四月の中旬に結婚することを決めて三月には上司も係長・支店長代理にも伝え支店長も了解していた。式は熊谷市内で予約し月曜日なので池袋支店からの出席者は司会を頼んだSさん及びM支店長の二人。仲人は私が当銀行へ入社時お骨折りを頂いた本社の役員であるT取締役にお願いした。その休暇は四日間。新婚旅行は式当日を含め三泊四日で南紀白浜から大阪というその当時関東人としてのお決まりコースだった。四日間の連休になるので、担当客に支障が起きないよう集金がある客を始め特に先方から良く電話がある客、定期預金や積立預金の満期が到来する客など万一に備え前もって連絡しておいた方が良い客へは漏れなく伝えておくように上から指示を受けたので特別リストを作り係長へ差し出し私からは四月に入り早々から電話をかけ始め重要と思われる客へはその旨お伝えした。その中に将棋のAさんへもいつ電話をして来るかわからない人だし高額な預金客でもあるので二日の土曜日など電話があるかも知れないのでこちらから自宅へ電話してみた。実は過去一年自宅へ伺った後、私から電話連絡をした事はなかった。いつもAさんの都合に合せた付き合いだった。やはり本人は留守だったが奥さんは在宅だったので「自分の結婚の為四日間の休暇を戴く旨ご主人にお伝え下さい」との伝言をした。他の客も皆一応に「それは目出たい、僅かながらお祝いをしたいので希望を言ってほしい」と。始めからの担当客が多くもう二年の付き合いになるので「嫁さんは何処の人？」と聞かれるので「同じ熊谷に住み職場も同じ銀行の今浦和支店に勤務中です」「そうですかそれは良かった。

旦那が勤めている会社の事情が良く解かる人なら一番良いことだよ。結婚すると退職する事になるのでしょう?」「ところが浦和の支店長と次長に継続して勤めてくれないかと言われており、そういう例があまり無いので本社には話しをして承諾を得ると言ってくれているのでお願いしようかと思っております」「そう。それはいいやありがたい事だねきっと嫁さんになる人は仕事が出来る人のようだね。ますくお祝いしなくちゃ」「お祝いは預金をして頂きたいのです」「預金はいつでも出来るけどこういうものは何回も出来ないじゃないの」とこんな調子だった。

翌日の土曜日は早速将棋のAさんから電話があり「昨日電話をくれたんだってね女房から聞いたよ貴方結婚するんだってそんな事知らないでいつも自分勝手に貴方を引っぱり廻してずい分迷惑かけちゃったね、お詫びするよ。彼女にも替りに詫びといて下さい。ところで何かお祝いしたいから何か言ってもらえないかね」「何もいりませんよ、もしもなら申し訳ないのですが銀行に定期預金をして頂けませんか」「定期預金?!」「ええ休暇も四日間となるので今月は働く日数が少なくて僅かで良いですから」「そう言えば貴方銀行員だったのだねしかもノルマのある外勤で今まで何も言ってくれなかったね」「でもAさんと会っている時は何故か仕事を忘れるし、自分でも不思議なくらい仕事のことを忘れられていたんですよ」「そうか定期預金か。少し時間をもらえないかね、考えるよ。来週にでもまた電話するよ」「いいですよ。でもAさん無理しなくていいんですよ」

Aさんも考えてもいなかった定期預金の話が出たのでかなり戸惑ったのではないか。もしAさんから定期預金をいくらしたら良いか聞かれたら何とかしよう。一ヶ月の定期預金のノルマが百万円一ヶ月の実働が二十五日としてその中で四日休むとしよう。百万円÷二十五で一日四万円だ。それに四日分として十六万円だから勝手な方式を考えたが十五万円を提示してみようか。そんな金額は無理かな、十万円ぐらいに言ってみよう。他のお客へも何かお祝いでもと言ってくれた先にも同じお願いをしたら「真面目な田口さんがそれで良いなら他の銀行の預金から田口さんの銀行へ振り替えるから十万円の六ヶ月定期で良いかな運転資金を使うのであまり長い定期は無理なので」と言ってくれたお客もあった。

そして週明けの五日（火）の夕方だったと思うがAさんより電話があり「田口さんにやっと協力出来るようになったよ。では一年定期で一億円やるよ」「え！　一億円？」「そうだよ親父が銀座の土地を売った時の金が三菱銀行に入ってるのでそれを引出して田口さんの銀行へやる事で話が出来たよ」「ちょっと待って下さいよ一億円でしょう？」「そうだよ」「そんな大金お願いしてないいですよ」「いいじゃないの今まで何の協力もしないで営業妨害していたのだから明日以降ならいつでもいいよ三菱銀行へも了解済なのでいつでもいいよ」「うちの上司にも報告しますから明日の朝まで待って下さい」「明日午前中は僕が居ないかも知れないので女房がいますから話をしておいて結構ですよ。僕に伝わるようにしておくから、ではたのむね」「ハイわかりました」。

電話を切った後気が動転してしまった。でも返事を急がなければならない。先ず上司のH係長に相談しよう。もうそろ〱銀行に戻って来るはずだ隣のS君も帰って来た。「Sさんお帰りなさいH係長とは一緒ではなかったの」「いえ。でも係長は帰って来て一階の方に居たよ。何かあったの」「うんちょっと係長を待っていたので」そうこうしているうちに二階へ戻って来たので「お帰りなさい、すみませんが係長、至急相談があるのですが」「あ、そうここではまずい？」「え丶隣の部屋でいいでしょうか」「そう、では行こうか」隣の部屋でH係長「何かあったの？」「はい結婚の休暇の件で何軒か連絡をとったのですが、その中で何かお祝いしたいから言ってよ」と言う人もいるので、ではお祝い替りに定期預金をして下さいと頼んだ人のうち今迄不義理して来たから一億円の定期をするという人が現われて明日以降ならいつでも良いと言うのですがあまりにも高額なので上司に報告、相談してから明日午前中迄に返事をしますと言いひと先ず電話を切ったところです」「一億円？？」「そうです」「どこのどんな人？」

今迄の経緯と現在定期預金が二拾万円あること、本職は掴めていないが日本将棋連盟に所属しプロの道を進んだが年令制限で退会、現在は街なかの将棋指しではないかと思うが定かではない。両親と奥さんには自宅へ訪問当初会っている、等々を話した。そして今度の金は親が銀座の土地を売却した時の金で今三菱銀行へ入っている。それを引き出す事の了解を三菱銀行から取ってある、等もつけ加えた。H係長「あまりにも大金なので次長・支店長にも相談しよう」という事になり係長「僕が先に話すから後で田口さんにも来てもらうかも」と次長に話し二人で支店長室へ行ったが直ぐに電話で私も支店長室へ来るようにと呼ばれたので直ちに同室へ行き今までのことは皆さん承知したようなので本人を知ってから既に一年になるもその間何度となく会って来たが預金の話はした事がなかった。電話をしてくるのはいつも彼からで私も時間のゆるす限り会ったがいつも将棋の対戦ばかりだった。私も将棋は幼ない時から好きで今は将棋連盟のアマチュア二段の認定を受けているが彼はプロ四段を目指したらしく力量はまるで違い過ぎるが何故か気心良く対戦してくれるので、私は普段の仕事上のストレスの解消、彼は真剣勝負のプレッシャーの癒やしで相通じるものがあってここまで来たのでは、そして彼は私に数年前から婚約相手が居ることは知らずに私の都合は聞かずに会いたい時断わられた事が無かったことを申し訳けなかったと悔やんでいた事など話した。支店長は「そうか解ったから田口君は一旦席をはずしてくれ」と言われ自分の席に戻ったが自分としてはこれはありがたい事なのであまりにも大金だが受け入れることにしようという結論になるかと思った。何故なら前期末（三月末）時点で当池袋支店の総預金量（相互銀行では総資金量と言う）が約四十億円で今期（向こう一年）での増加計画が四億五千万円（約十一パーセント増）で窓口店舗の自然増の見込が二億五千万円。外勤（得意先係）の目標が二億円なので半分の一億円を既にクリアすることになる。こんな美味しい話はめったにある事ではない。今日中には結論を出すだろう。

私としては明日以降どういう方法で取引をするか、相手の三菱銀行池袋支店へAさんと行き当行へ振込みをしてもらうか又は三菱振出しの小切手を直かに受け取るか、明日Aさんとその辺を詰めなくては、などと考えていた。が結論はこの話はお断りしようとなり明日H係長が私に替ってお断り役をつとめる事になった。会議が終って自分の席で待っていた私に係長が自からその結論を伝えたが私から何故？　という言葉は発せず顔色で不満を表わしただけに留めた記憶しか残っていない。その後その上の役職者である得意先担当代理・次長・支店長に至るまで私に対して私が納得出来ないでいる事も解かっているはずなのに断わる事情（理由）の説明もなく労いの言葉すらなかった。何か腫れ物にでもさわるような雰囲気に感じた。私はその夜は明日、Aさんに対してどの様な断り方をしたらよいか。Aさんを傷付けるようなことのない方法はないか。それとこれは私の自惚れになるがこれから先上司は私に対して何も言えなくなるのではないか。今になってその回想も含めて思うが当時は預金を集めろ集めろ。「泥棒が金を持って来ても預かれ」というくらいで定期預金でも「無記名定期」なども公認されている時代で客の希望により証書の名儀欄に「無記名様」と記入することすら許されていたのである。それから比べれば何の問題もなく一億円（現在価格に置き替えれば約十五億円に相当）という金額が大き過ぎて解約時のダメージを心配したのか。そんな心配をするようでは役職者の資格なんてないし、外《ほか》にどんな断わる理由があるのだろう。翌朝案の定Aさんより電話があり私の替りにH係長が断わりの話をしたのだが側で聞いていて全くしどろもどろで気の毒に思ったくらいだった。電話が終って私が「どうでしたか？」と係長に聞いたが「了解してもらった」という返事だったが私はとても了解したとは思えなかった。

結婚式を数日後に控え私はAさんに電話はせずAさんからも電話はなかった。式を挙げ新婚旅行も終りに近づき最終日の四日目大阪発東京行きの乗ってみたかった東海道新幹線に初めて乗り込み指定座席に座わり発車を待っていたら、間もなく男性ばかりの団体客のような一行十五名ぐらいが同じ車両に乗り込んで来た。一行を眺めていると一行の中の年令が一番高そうな一人から「田口さんじゃあないの」と声を掛けられたのでよくよく見返すと銀行の新橋支店のN支店長で「あれN支店長今日は何ですか？」と返すと「うちは得意先の慰安旅行なのだが、田口さんはなに？ もしかしたら新婚旅行じゃないの？」と言われ「そうなんです。今帰るところなんです」支店長「今どこの支店だっけ」「池袋支店です。」「そうとにかくお目出とうございます」と新妻の方もチラッと見て会釈をし「昨年池袋から転勤して来たSさん（現在係長）もいますよ」と言い「Sさん池袋の田口さんだよ」と呼んで我々の結婚を伝えてSさんに替り「田口さんしばらく。この度びはお目出とうございます」とそして「奥さんもしかしてうちの銀行の人？」「えゝ浦和支店です」「そうですか田口さん浦和から池袋へ来たのですよね」「そうです」「わかる、わかる。で奥さん辞めさせられちゃうの？」「それが店長・次長から人事部へは何とかするからしばらく勤めてくれないかと言われたのでしばらくこのまゝで」「それは良かったうちの銀行も変わるね、すごくいい事だよ」「それよりSさん、Sさんから引継いだ「山」のマスターですけど」「うん何かあったの？」「うちの凄い預金客になってしまったのですよ」「どういう事？」私が今までのあらすじを話すとSさん「信じられない。山田さんの素性は良く知らないので何とも言えないけれど、あの戦争中に鍵がありそうだね。いずれにしてもSがよろしく言っていたと伝えて下さい」「ありがとうございます。Sさんもどうぞお元気で」これが新橋支店N支店長とS係長との最後の出会いとなってしまった。

実はN支店長は数年前に当行の取引先でもあった有名な和菓子店に婿養子として入り、私と会った一年後ぐらいに当行を退職し参議院議員選挙に出て当選し、Sさん（係長）も同時期にN氏の秘書役を引受けることを約し退職して行った由。お二人は強い信頼関係で結ばれていたのであろう。Sさんのことは前にも述べたが私を含め新橋のN支店長Sさん（係長）は昭和三十四年私が赤羽支店に配属され出納係員として働いていた頃同じ店でNさんが当時得意先第一係長でその部下にSさんが居りお二人が夜遅く集金して帰店した時など二階の二人の机まで出向き集金した金を素早くかぞえてあげた（再勘という）ことがま丶あったので、私が一年足らずで先に浦和支店へ転勤しても、その後六年が過ぎて支店長となった今でも良く憶えていてくれたのだと思う。またお二人との再会がこのような所だったとは奇遇としか思えないものだ。私達も無事二人の新居（といっても私が一人で住んでいた古い家だが）に到着し気持は明日からの仕事に切り変った。

銀行へ出勤した翌日H係長から別室へ呼ばれ「店内移動で田口さんは今度貸付係に配属されることになった」と言われ私が呆然としていると「貴方は預金係はベテランと言われるほどの経験者で得意先は満点だ。後は貸付係を経験すれば鬼に金棒だから支店長も貴方の将来を見据え此の度び移動を行なった」と。私は呆れて何も言わなかった。見えすいた茶番だ。係長は続けて「貸付係のY君を田口さんの後釜にするので担当客の引継ぎを早めにお願いします」私「わかりました。先日一億円の話の出たAさんは現在二十万円の定期がありますが元々窓口に来て預け入れたもので私が直かに獲得したものでもないし自分の管理客にはしていないので引き継ぎませんよ。そして山田達雄さんの件は私との約束で今迄に四百万円の定期預金が在りますが、私が担当をやめる事になるのでこれからは入らないと思いますが従来の毎月の積立金は集金してもらった方が良いと思いますので引継ぎだけはしておきます」とこの二つの件は私の口から言った方が良いと思ったので先に言ったのである。そして山田達雄さんは私の結婚休暇も終り銀行へ出社した事も知っているのでお祝の電話をして来て昨日奥多摩の渓流で鱒を釣って来て捌いてあるので取りに来てと。私はそこでは話さず「ありがとうございます。今日中に伺います」と返事だけしておき会ってから話そうと思った。Aさん宅にも電話をしたが本人は留守で奥さんがおり先日の折角の有り難たいお話しをご辞退という失礼な事をしてしまい深くお詫びをし重ねて私がこの度び店内移動で内勤（貸付係）を命じられ店内には居りますが外には出られなくなった旨ご主人にもよろしくとの伝言をお願いした。しかし数日しても電話は無かった。上司のH係長も私に対して何となく申し訳なさそうな沈んだ空気を感じたが私の受け取り方だったろうか。次長などは毎日得意先係の室で何をしているかと言えば今月の皆んなの成績の棒グラフ作りと結果の書き込みだが今年に入っていつの間にか月末の成果の発表もしなくなってしまっていたのだ。

M支店長も半年前には「田口君も未だくだ」と言っていたが「今はどうですか？」と聞いてみたくなった。「何故今私を退場させるのだ」「何が気に入らないのか」「何を恐れているのだ」「ノルマ達成！　ノルマ達成！　と毎日ハッパをかけていたのは誰だ」「石にかじりついても預金を獲るのだなんて言っていたのは誰だ」「今度の一億円だって私でなければ獲れない話ではないか」「毎月獲得出来る百万円の定期だって向こう二年間毎月だぞ!!　誰がこんな約束を結ぶことが出来るか！」「ここの上役はみんな私にやきもちを焼いているのか」「何を恐れているのか。当行はそんな意気地のない銀行だったのか」もうよそう他にも小額取引なれど私が開拓した顧客は一様に淋しがってくれたし従来からの先輩担当者から引継いだ顧客とも信頼の絆が出来上がっていたので残念がってくれた先が多かった。挨拶兼後任への引継は出来るだけ早くとの指示で大急ぎで約三日で済ませた。そして二階の貸付係の自分の席に着き一週間ぐらいしたろうか電話交換台から「田口さんにAさんからお電話です」と。来た。Aさんからだ「もしもし田口です」「Aだがね今赤坂のヒルトンホテルに居るのだけど下着が汚れてるので僕の家へ行って女房から僕のパンツを預かってホテルまで持って来てくれないかね」まだ午前中だが酒に酔っている様子だった。私「今内勤の貸付係の事務職なので外出は出来ないのですよ」「僕が困っているのに助けてもらえないの?」「今組織の中の一員だから上司に言っても許可が下りないですよ」Aさん「そんなことを言うのなら今これからそちらの店へ行くから上司にそう言っておけ」ガチャン。

いよく\来たと思った。一億円を断われと言った上司は誰だと言うだろうと思い支店長は出かけている。得意先担当の支店長代理は四月一日付の行内定期移動で転勤になってしまったが替りに来た代理では解からないし今出かけている。やむを得ない次長に話しておこう。断わる打合せをした時に参加しているはずだ。次長席へ行き「先日一億円の預金を断わった相手から電話がありました」と言い内容を話し「今この店へ向かっているかも知れませんのでもし来たら対応して下さい」とお願いした。次長は顔色を変えず「そう」と言ったきりだった。が…一時間ほどしてAさん本当に来て一階の窓口行員が二階へ案内して来た。先ず私が応待したが大分酔っている様子だ。Aさん「あんたには用が無いから上司を呼んでくれ」やむを得ず次長席へ「Aさんが見えました」「そう」と貸付係の窓口で待たせたAさんに次長「お待たせしました次長のKと申します」と名刺を出した。Aさん「貴殿か預金を断われと言ったのは俺の親父に泥を塗り気持良く応じた三菱銀行に泥を塗り、あげく俺の顔にも泥を塗ったのは、泥の替りにぶんなぐってやろうか」次長「ハイ殴って下さい」すかさず私が二人の間に割り込んだ。次長「ここは外のお客様も見える所なのでどうぞ奥の室へお入り下さい」と会議室へ案内しながら私に「来るな」と目くばせをしたので私は行かなかった。それから一時間くらい経過し昼過ぎになって次長が私の席へ来て「本人が酔いが覚めずにいるので奥の宿直室（当時は毎日、一般行員一人と守衛さん一人の計二人がローテーションを組み一晩中宿直していた）に移動して休んでもらってますから田口さん時々様子を見に行って下さい。支店長からは外出先から連絡があったので事情を説明し本日は帰店しない方が良いと言っておきました」と言われたので昼食も抜きで様子を見ていたがAさん本人は夕方まで熟睡し最後にヤカン一杯の水を全部飲み帰って行ったのは夕方の五時頃だったたと思う。二階の得意先係員や貸付係員も例の一億円で断わられた腹癒せに怒鳴り込んで来た本人だと知っていたので誰もが私には気を使って話しかけてこなかった。反面私はこの話が本当だったと皆が認識してくれたと思いそれほど恥かしい気分ではなかった。

それから数日後、二階の席で仕事中Aさんが忽然と現われ私がいち早く立って迎えるとAさん「田口さん先日は悪かったね、今日はK次長さんにもお詫びに来ました」と大きな菓子折りを持って来た。私が次長を呼んだら直ぐ来てくれて意思を感じ取って穏やかに会話し「後は田口さんにおまかせしますから別室でお話しして行って下さい今お茶を入れさせます」と言い私がまかされた。会議室へとおし改めて「田口さんにも迷惑をかけた事と一億円の定期の事もいきさつを少し聞いてほしい」と言われたので「私もぜひ聞かせて下さい」と応じるとAさんの話は以下のとおりだ。

親父が二年前に銀座の土地を売った時買手の紹介で売買代金をひと先ず三菱銀行へ定期預金で一億円余り預けた。田口さんが結婚すると知って婚約者と過ごす一番幸せな時にそれを知らずに自分みたいな遊び人が邪魔ばかりして本当に申し訳なかったと思いわずかながら生活の必需品でもお祝いにと思ったところ、それならうちの銀行へ定期預金をしてくれと言われた時、そうだ田口さんは銀行のレッテキとした預金獲得が本業の銀行員だったのだと気づいて三菱銀行の担当者が親父の所へ送ってくる盆暮れの品を見て大事な預金を解約されない為の気持なのだなあと思い、それなら親父の預金を田口さんの銀行へ振替えてもらい罪滅しをさせてもらおうと考え親父に相談したのだが、親父曰く三菱銀行には特に義理は無いので良いのだが、定期預金の満期が二ヶ月先なのでその時どうかと言われたが、自分としてはタイミングがずれてしまうし、信用してもらえるかわからないので今なんとかならないかと言ったら「では三菱に相談してみよう」ということになり二人で銀行の担当者に相談したら、はじめは驚いた様子だったが話を理解してくれて「今解約すると利息の損が出るから損が出ない方法があると。どうするかと言うと今の定期預金を解約せずそのまゝ二ヶ月先の満期日まで置き、その定期預金を担保に逆に銀行から借入金を起こす方法があります。これを預金担保貸付（略称、預担）と云います。貸付金利は定められており定期預金金利に〇・二五パーセントの上乗せですので先払いしていたゞきますが満期時に一年まるくの定期の金利が付きます。一方預担で借りたお金を平和相互銀行さんに一年定期をするとすればその日から定期預金の金利が付くことになりますからAさんにとっては全く損は発生しないことになると思いますので、手続はその日に出来ますから前もって実行希望日をお伝え下さい。念の為申し上げますと貸付金利の方は実行日に満期日迄の先取りになりますので一億円を平和さんへの定期ですと一億百万円の借入れ額にした方が良と思います。と丁寧に教えてもらったので礼を言うと「いえまたご縁が必ずあると思いますのでその時はよろしくお願いします」と言われ三菱銀行員にも感謝したくらいだった。Aさんの言いたいことはこのことで今度のことは嘘などではなく本気だったので田口さんには信じてもらい結婚後早々にいやな思いをさせてしまったことをどうしてもお詫びしたかったとのこと。

私もAさんからの申し出を不信に思ったことは無く、たゞあまりにも大きな金額なので直ぐ上司に報告し支店長はじめ役職者で打ち合せを始めたので明日迄には良い返事が出るとばかり思っていました。自分も内心信じられない思いでいたのが正直なところでした。と返答するしかなかった。そしてお父さんにも「お詫びします」とお伝え下さるように。とお願いするのが精一杯だった。そしてAさんを銀行の玄関口まで見送り帰宅する背に礼をするのが最後となった。

山田達雄氏には捌いてくれた鱒を戴きに伺いながら店内異動がありこういう事になって

しまい誠に残念です、と伝え、この異動には何か魂胆があるような気がしますと私の腹の内を素直に表わした。山田氏もただ一言「そうか」と言ったきりで何も続けず、氏なりに何かを想像している感じを受けた。そして私の方から「こんなありがたい約束を早々に私の方からキャンセルするなんて何とも申し訳ない気持です」と言って深々と頭を下げそのまゝで上げることが出来なかったし涙顔になっていたことを記憶している。それから四〜五ヶ月に亘り毎月一回ないし二回ぐらい「鱒を釣って来た」との電話があり受け取りに伺うと必ず「奥さん元気?」と声をかけられたのでその都度夕食を焼き魚で過ごす私達夫婦を想像してくれたのかなと感謝の心を忘れなかったものだ。そしてその年の十月新任のF支店長が直かに担当をしてくれるのを機に私への電話は自然と少なくなりつつ段々と途絶える方向へ進んだ。

追加的記述

昭和四十一年十月の始め毎年半期毎（四月と十月）に恒例である銀行全体の人事異動でM支店長が本社へ転勤となった。当時は定年が五十五歳で年齢的（当人は五十二歳）にも支店長職も最後だったのだ。替りに四十代の若いF支店長が赴任した。同時に次長も交替してこちらも若返りが図られた。

支店長・次長クラスになると店内人事の引継ぎなどは最重要項目なので、旧支店長も私の対象事項などは神経を使ったはずだと思っていたが、新旧支店長同志の諸々の引継ぎが終り新支店長が定着した早々、二回の貸付係の私の机の所にわざ〳〵こられて、貸付係長に「ちょっと田口さんをお借りするよ」とことわり誰もいない隣の得意先係の室に同行させられ先ず山田達雄氏のことを聞かれた。「M支店長から聞いたのだが喫茶店を経営していて現在うちの店に四百万円の定期預金があるんだって?」「ハイ、それも昨年の十二月から毎月百万円ずつ三月まで預けてもらいました」と言い、それまでの経緯と今後のことも含めくまなく説明した。

結論として支店長は「僕が直接担当しますから後で時間を決めて喫茶店まで案内して紹

介して下さい」ということになり、もう一軒はAさんのことで「旧支店長及び旧次長からも詳しい話を聞いたのだが、この話をもう一度復活出来ればと思うのだが無理かね？」私「無理です」と一言。続けて「何故ならうちの都合で断わってしまったものですから……」そして私には今だに断わろうとした説明が上から無いのです」F支店長「そうかあ…勿体ないことをしたなあ…」

それから

時が経ち昭和五十六年十一月三十日光文社が「衝撃のカッパノンフィクション」として『悪魔の飽食』というドキュメントシリーズ最新刊を発行した。著者はミステリー小説で有名になった森村誠一である。私はこの本を読んだ時のショックは計り知れなかった。

その序章から引用すると日本の旧陸軍が生んだ「関東軍防疫給水部本部」、通称「旧満州第七三一部隊」世界で最大規模の細菌戦部隊は日本全国の優秀な医師や科学者を集めて三千人の捕虜を対象に非人道的な生体実験を行い細菌兵器の大量生産を急いだ。（中略）第七三一部隊の記録は終戦と同時に完全に抹消され戦史の空白となっている。生存者たちも申し合せたように口を固く閉ざして語りたがらない。終戦直後部隊長の石井四郎中将ら部隊の幹部らはひそかにGHQ当局と接触、七三一の研究実験データ提供と引き換えに戦争犯罪の免責を求め戦犯追求を免れた。尚七三一隊員たちは部隊解散に際して以下の命令を受けたという。①七三一の軍歴を秘せ　②一際の公職に就くべからず　③隊員相互の連絡を禁ず　の三ヶ条である。

文章の密度が濃く読み進めて行くうち七三一は関東軍随一の豊富な物資を誇る秘密部隊

であったという。細菌研究や生産、ワクチン製造等に多くの貴金属を必要としたという。細菌計量用の白金製シャーレをはじめ貴金属、錫のインゴットなどが資材部倉庫に高積みされていたという。

それらが誰の手によってどのように処分されたかは不明だとのことだ。

そこで思い出したのは山田達雄氏だ。氏は私に対し「終戦（敗戦）時南方から祖国へ帰還する途中、シンガポールで貴金属を手に入れた」とはっきり言った。私に預金協力すると約束した金だけでも一ヶ月百万円の一年定期を二十四ヶ月で二千四百万円である。しかも昭和四十年十二月にスタートして翌四十一年三月まで約束どおり履行して四百万円が既に預入済であるので続けて預け入れするであろう合計の二千四百万円は現在に換算すると約十五倍の三億六千万円である。しかも既に上野にビルを持っていると言った。半端ではないので泥棒ぐらいしてでは無理だ。陸軍の軍属と言っていたがそれは本当だろう。七三一部隊も医師などの医療研究者は軍属だった。インドネシアの現地人への米の作り方を教えた。は怪しい、現地人の主食は大方米なので作れるはずだ。それは他の分野から調べた。では「シンガポールに寄って」は真実なのではと思ったが七三一は旧満州のハルピンが本部で支部も四箇所あるも三つは旧満州内で一つはモンゴル自治区内でシンガポールなど無い。だが後で知ったのだが昭和五十七年七月に発行された「続悪魔の飽食」に出ていた。購入当時は全読しても気が付かなかったが最近再読し知った。前述したように正式名は「関東軍防疫給水部本部」でその支部が四箇所存在したのだが、同じような本部が北支軍（北京）、中支軍（南京）南支軍（広東）とあり最後に「南方軍防疫給水部（シンガポール）が存在していたのだ。それは森村誠一氏の著書だけでなく、女性ジャーナリストの青木冨貴子氏の著書「七三一」新潮社（平成十七年）発刊にも出ている。M支店長は旧日本陸軍の南方方面部隊に所属し（参謀だと本人は言っていた）若年ながら作戦や用兵などの計画まで携わっていたとすると、この極秘部隊の存在を知っていたのかも知れないし、そうだとすれば当時二十五歳の私が山田氏との関係をあまりに深入りすることを危険視したので、関係を絶つ為には私を外勤から外す事しか手が無いと考えたのか？　それも一理ありか。その為に私に対しては説明出来なかった。という筋立ても成り立つ。いずれにしても山田氏もお気の毒だ。金と引き替に家族も持てず人生も捨てた。これも戦争による犠牲者なのだ。

将棋の好きなAさんと昭和四十年に出会い翌四十一年四月に永遠の別れになってから

二十九年の時が経った平成七年「真剣師・小池重明」というノンフィクション小説が発刊された。著者は団鬼六でSM作家としては第一人者的な存在でも、当時将棋ジャーナル社主として将棋界にも関わっていた。小池重明とはアマ将棋界では有名で本人が進んでプロを目差したことは無かったようであるが、NHKのアマ将棋全国大会で二年連続優勝（アマ名人）をしたことがあり、私もその対戦をたまくテレビで見ている。プロの高段者との対戦もかなりあり平手（ノーハンデ）でもかなりの戦績を挙げプロキラーと呼ばれていたという。賭け将棋にめっぽう強くそれで生計を立てる人を真剣師と呼ぶそうで、私が将棋の強いAさんを知った頃はそういう言葉は知らないでいたが、その頃が一番真剣師が数多く存在した時代だったのではないか。小池重明は平成四年四十四歳の若さで他界したのだが、私の知るAさんより時代的にはひとまわり後での活躍で最後の真剣師と言われる所以である。そして本に著されるようなドラマチックな人生を送っており、Aさんと同等に扱うにはAさんに失礼であるが団鬼六がこの時期三冊の小池重明に関する書を著しており（二冊は共著）当時NHKまでが朝の連ドラで「ふたりっ子」という真剣師が登場する将棋世界の物語で人気を博したドラマが生まれたりしたのも話題性があったからであろうしそういう時代だったのだ。

Aさんも公認された職業ではなかった可能性もあるがだからと言って当時の社会事情からすればアウトロー扱いまでは行き過ぎではと思うし預金を預けて頂く過程というか事情は正当なものであり預け人名儀も本名を名乗れたはずだ。上司に対する私の説明が足りなかったのか。若い当時の私の心境では「割り当て（ノルマ）は何としても達成しろ、でも金額の大きなものは断わろう」では「勝手にしやがれ」という思いになってしまう。何れにしても山田達雄氏とAさん二人の私への協力「敢えて言うが我が銀行への協力では断じてない」は生涯忘れ難いものになってしまった。

あとがき

私の銀行員生活の期間は、昭和三十四年五月より平成元年二月までの二十九年九ヶ月と長きにわたりますが、ここに記させていただいた期間は僅か二年一ヶ月という極めて短い期間であったが、始めて外勤という店外に出ての預金獲得という活動辞令を受け毎日を過ごした経験は後々にも大事な時間であったと受け止めている。

本文中にも述べたが昭和三十九年当時の百万円は現在の価値として表わせば約十五倍の壱千五百万円相当となるであろうから担当者一人が管理している定期預金総額に純増させるとなれば満期到来となるものが皆継続してもらえれば良いが、当然落込みもあるし、他に突然の中途解約の申し出なども発生する予測も立てておかなくてはならず、それらの補充もし、その上に割り当て（ノルマ）額を乗せることになるので容易ではないが、それでも達成出来る月もあるのだ。また出来なかったとしても処罰を受ける事は無いが、いつまで経っても未達成続きでは落伍者となり将来に亘り「外勤不向き」のレッテルを貼られ役職者への道は閉ざされる。だから不正をしてまで数字を上げようとする者まで出て来るのだが、それほど手口が多くあるわけでもないので大概発見されてしまう。それより防犯上のこともあり外勤（得意先係）に対しては本社（検査部）からの臨店検査や店内の自主的な検査等が定期的に行われるシステムになっている。

話しを戻し私が得意先係を外されるまでの約二ヶ月の間上司としてお世話になったH係長とはその後銀行内でもH氏は人事畑、私は貸付（融資）畑と異なる道を歩むことになったがお互い昇格を重ねる道程でもH氏は私の見えぬ所から神経を使って頂いていたような気がしていた。何も特別な事をしていたゞいた訳ではないが、当銀行が合併という超大事な時、人事部長として影ながら私の特色を引き出してくれたことも確かにあった。そして私が金融機関という働き場所から完全に退いた後も、私の新職場まで訪ねて来てくれた事もあった程だったので、心の内に残るものがあったのだと思う。私もそうであった。

最後に本書出版の機会を頂いた東洋出版の秋元麻希編集長並びに鈴木浩子編集担当の両氏には多大なるご尽力を賜りました。

ここに深甚なる謝意を表します。

○参考メモ

昭和四十年頃の普通銀行・相互銀行の預金利率（除く信託銀行）

定期預金　期間　十二ヶ月　年率　五・七五パーセント
〃　〃　六ヶ月　〃　五・二五　〃
〃　〃　三ヶ月　〃　四・七五　〃
通知預金　〃　最低一週間　〃　二・五〇　〃
普通預金　出し入れ自由　〃　二・二五　〃
納税準備預金　出金時、納付書要　二・七五　〃（相互銀行のみ）
定期積立預金　期間最短一年～三年　利廻り年率四パーセント（当行の場合）

○主な参考文献

森村誠一『悪魔の飽食』一九八一年　光文社
森村誠一『続悪魔の飽食』一九八二年　光文社
森村誠一『悪魔の飽食ノート』一九八二年　晩聲社
郡司陽子『「証言」七三一石井部隊　今初めて明かす女子隊員の記録』一九八二年　徳間書店
森村誠一『悪魔の飽食　第三部』一九八三年　角川書店
青木冨貴子『七三一』二〇〇五年　新潮社
磯田道史評「食糧も大丈夫也」二〇一六年七月十日　毎日新聞
山本武雄『将棋百年』一九六六年　時事通信社
天狗太郎『棋士の世界』一九七七年　時事通信社
団 鬼六『真剣師　小池重明』一九九五年　イーストプレス
宮﨑国夫・団 鬼六『実録伝説の真剣師小池重明実戦集』一九九八年　木本書店
「かけ将棋に人生をかけた男がいた。」一九九七年一月十六日　朝日新聞　学芸欄

檜山良昭『東京裁判と太平洋戦争』一九八二年　講談社
青山真人『オーナー解任　平和相互銀行経営正常化の闘い』一九八五年　幸洋出版
『平和行報　最終特別号』一九八六年　平和相互銀行企画部（行内限）
竹内正敏『実録長銀』一九九九年　オーエス出版社
「商工中金ノルマ重視不正に拍車」二〇一七年十月十三日　毎日新聞
黒木　亮評「堕ちたバンカー國重惇史の告白」二〇二一年四月十一日　産経新聞

［著者］

田口 清（たぐち・きよし）

1941 年 1 月生まれ
1959 年 5 月 ㈱平和相互銀行へ入社
1986 年 10 月 ㈱住友銀行と合併
1987 年 2 月 相銀住宅ローン㈱に出向
1989 年 2 月 同社に転籍
1996 年 4 月 同社を退社
1996 年 5 月 或化粧品メーカーより経営改善業務を委嘱され役員に就任
2000 年 9 月 一定の目標を達成した為同社を退社
2000 年 10 月 整骨・整体店を全国展開する本社から金融取引の改善を依頼され役員に就任
2007 年 10 月 依頼された役目は果した為同社を退社

ノルマの日々《ひび》。銀行員外勤生活《ぎんこういんがいきんせいかつ》

発行日　2023 年 3 月 25 日　第 1 刷発行

著　者　田口《たぐち》　清《きよし》

発行者　田辺修三
発行所　東洋出版株式会社
〒 112-0014　東京都文京区関口 1-23-6
電話　03-5261-1004（代）
振替　00110-2-175030
http://www.toyo-shuppan.com/

印刷・製本　日本ハイコム株式会社

ISBN 978-4-8096-8682-5
定価はカバーに表示してあります
ISO14001 取得工場で印刷しました